Danke, dass Sie sich für Blank Sheet Press entschieden haben

BILD 1

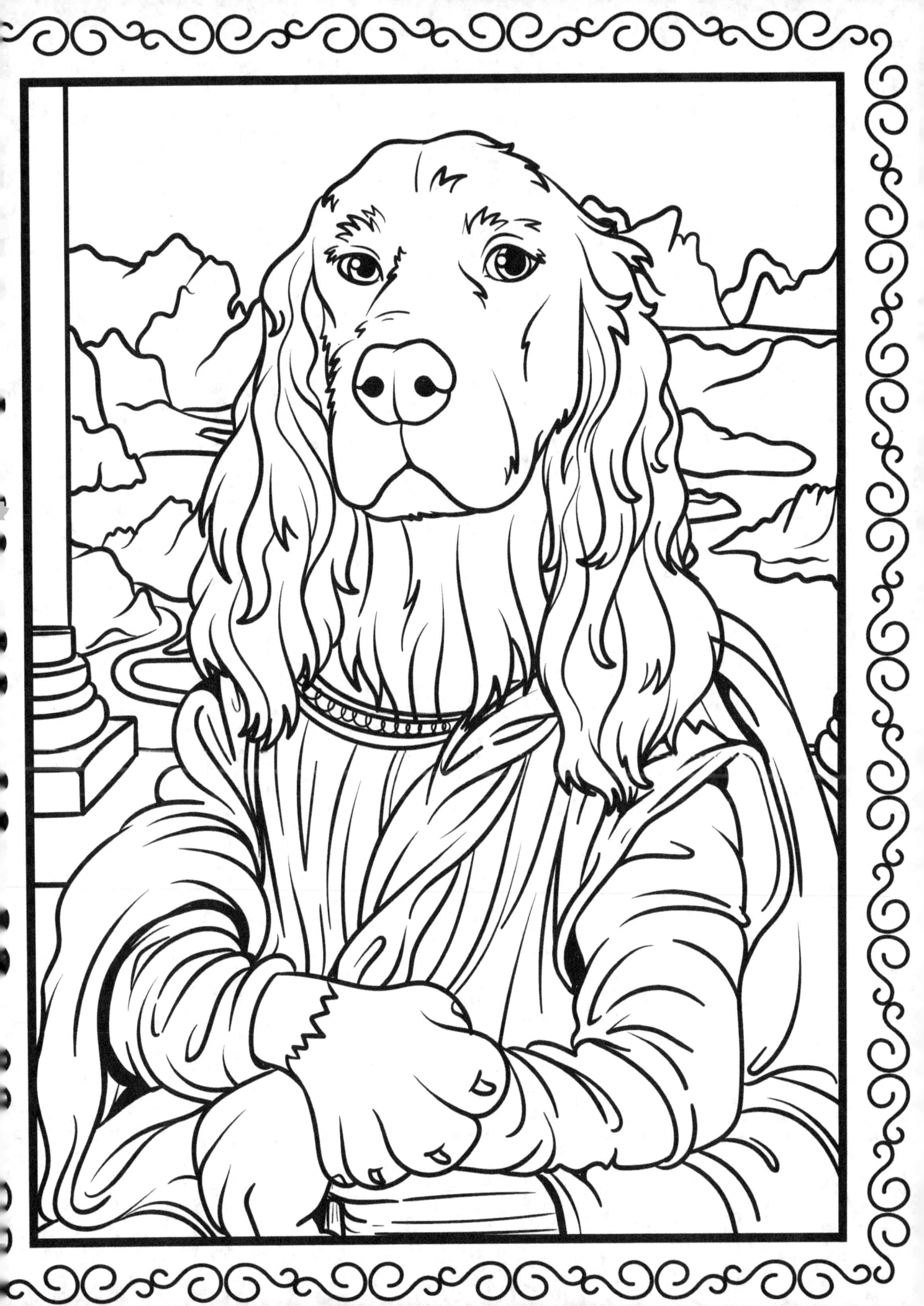

BILD 2

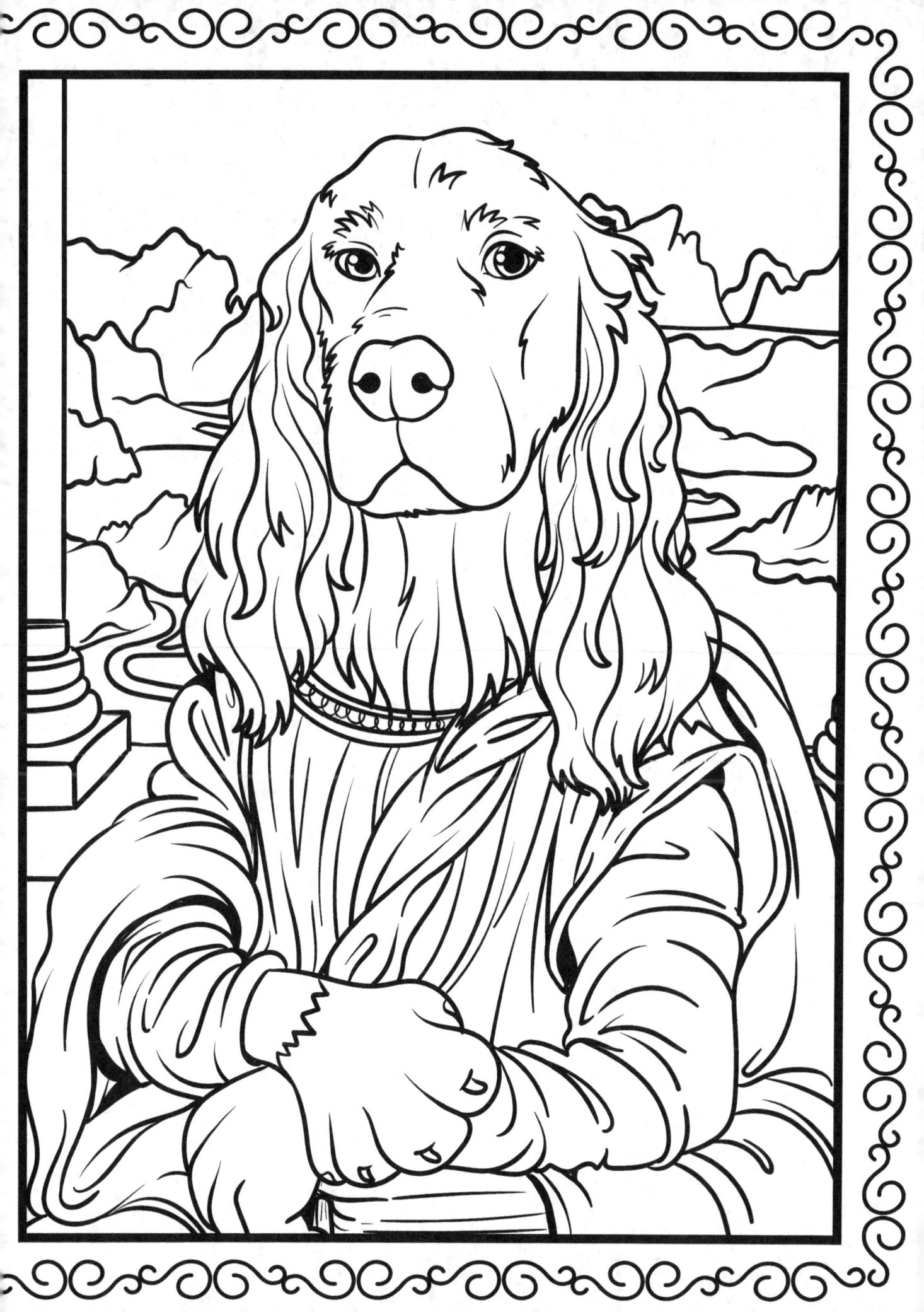

BILD 3

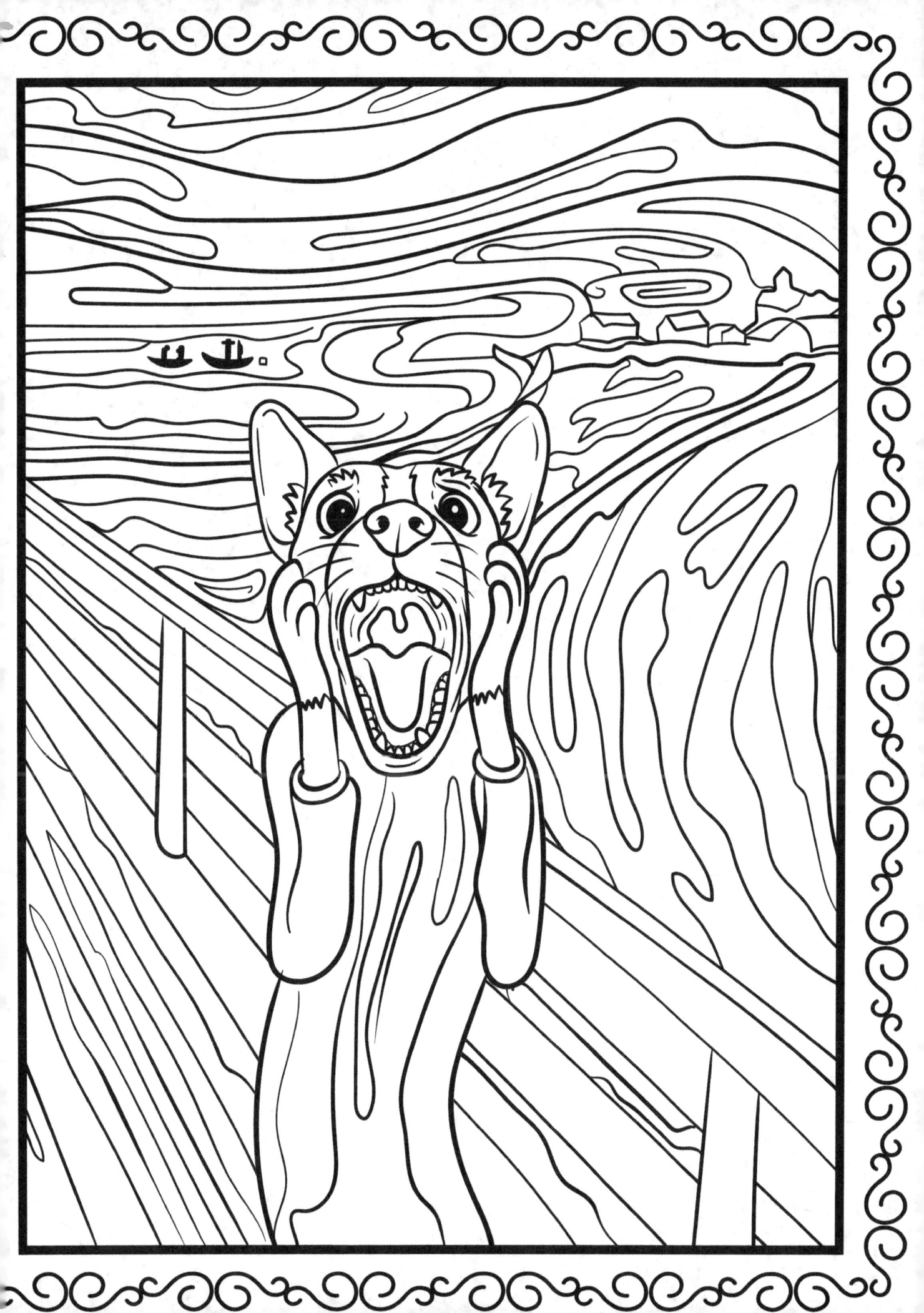

BILD 4

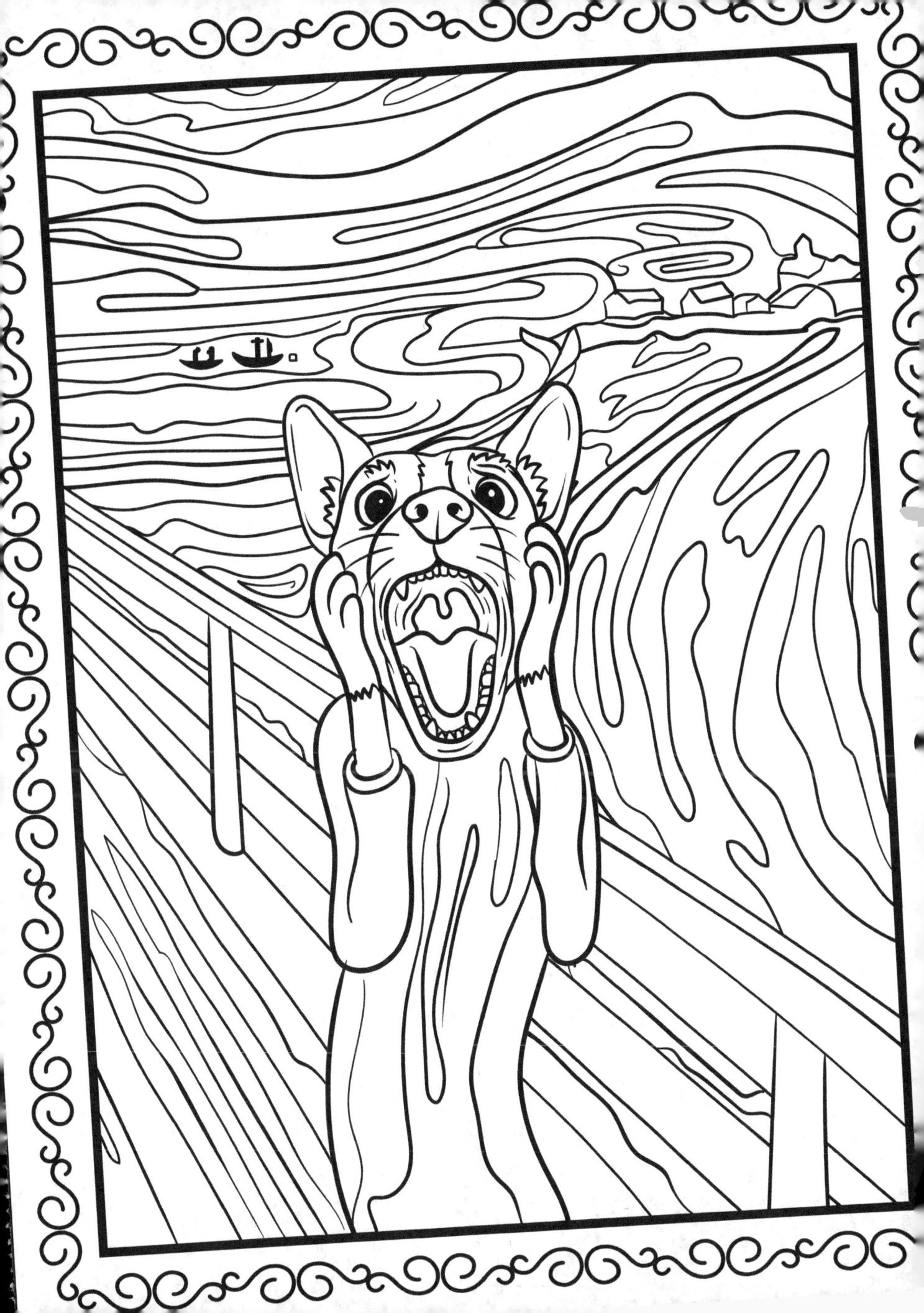

BILD 5

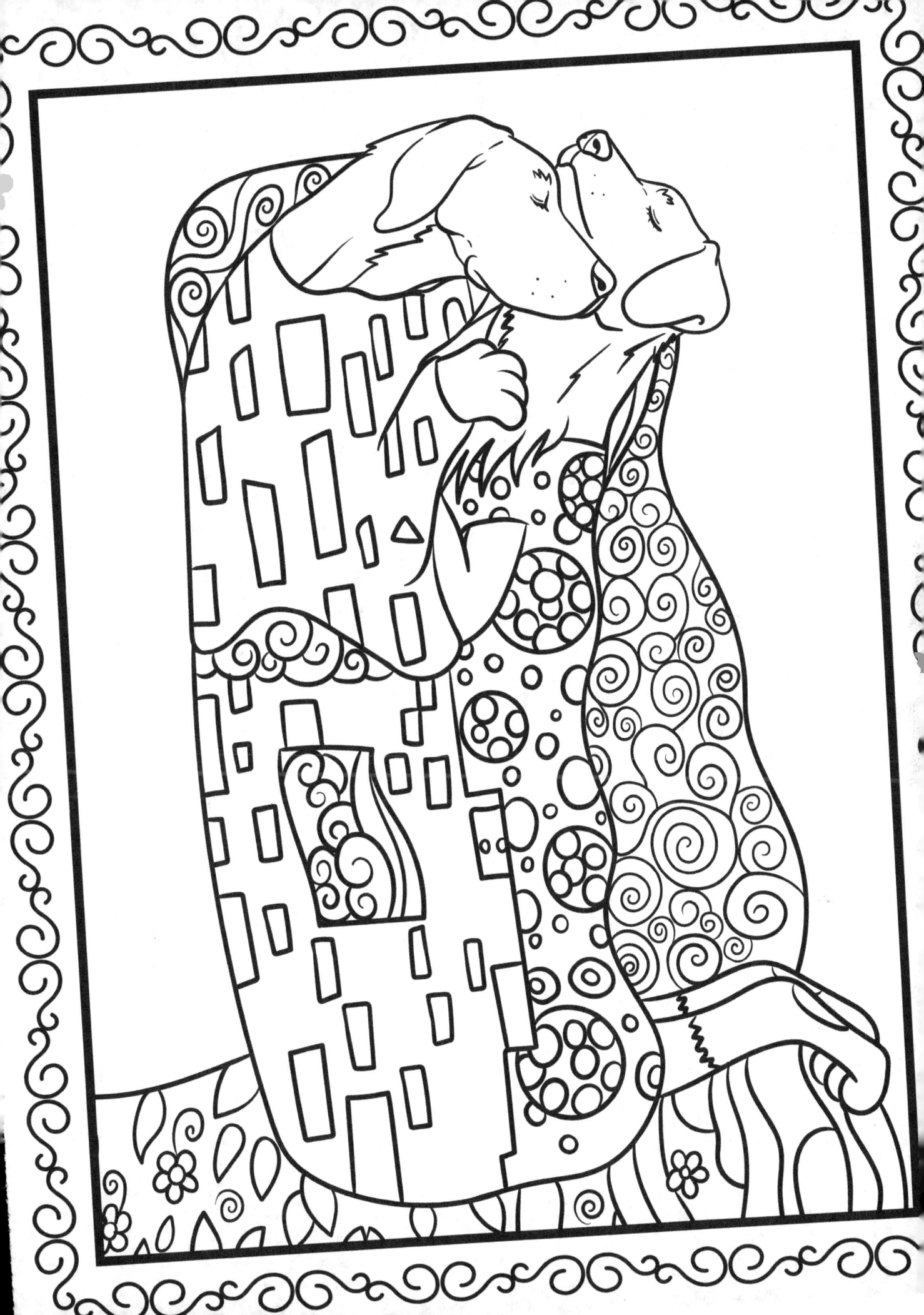

BILD 6

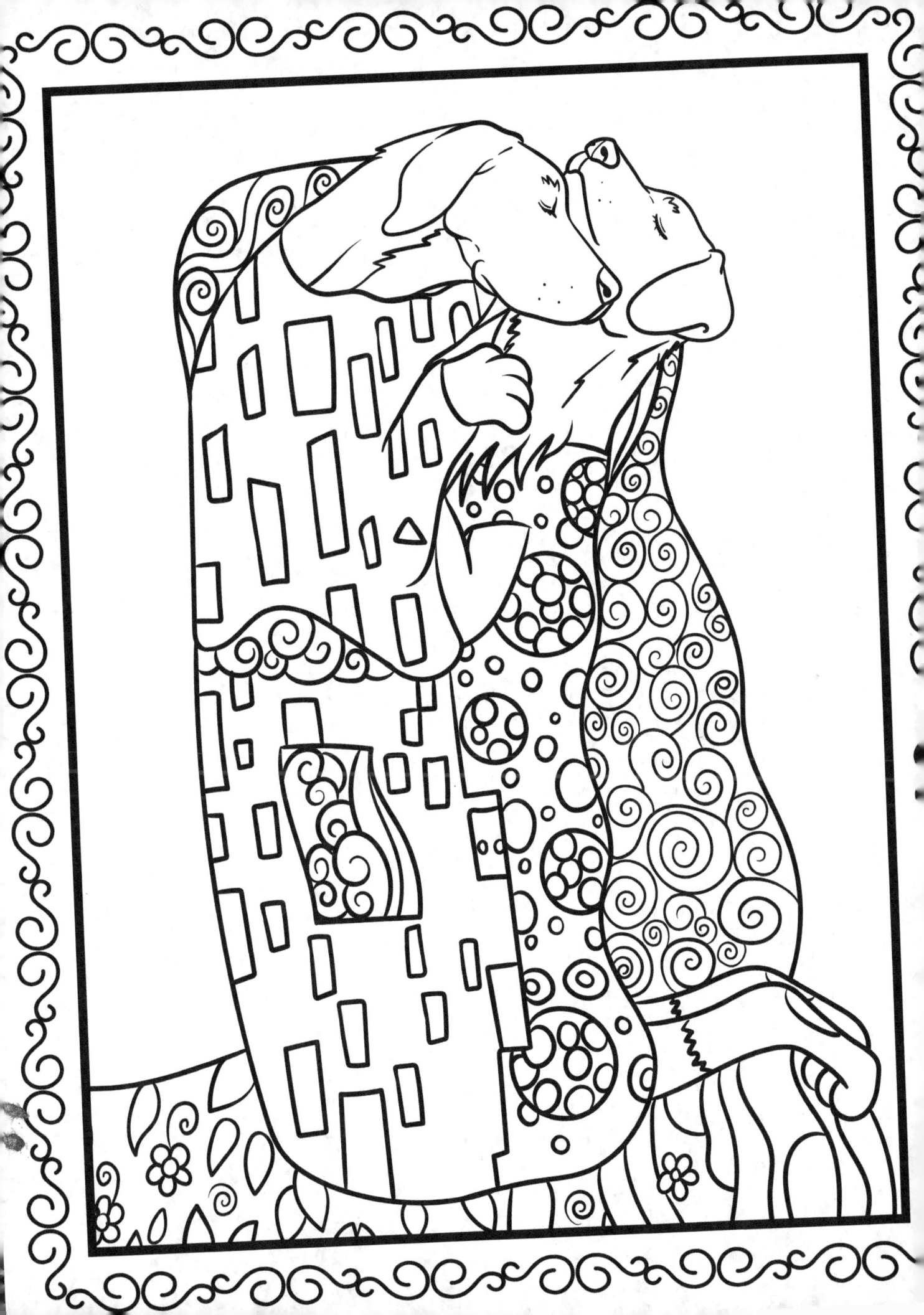

BILD 7

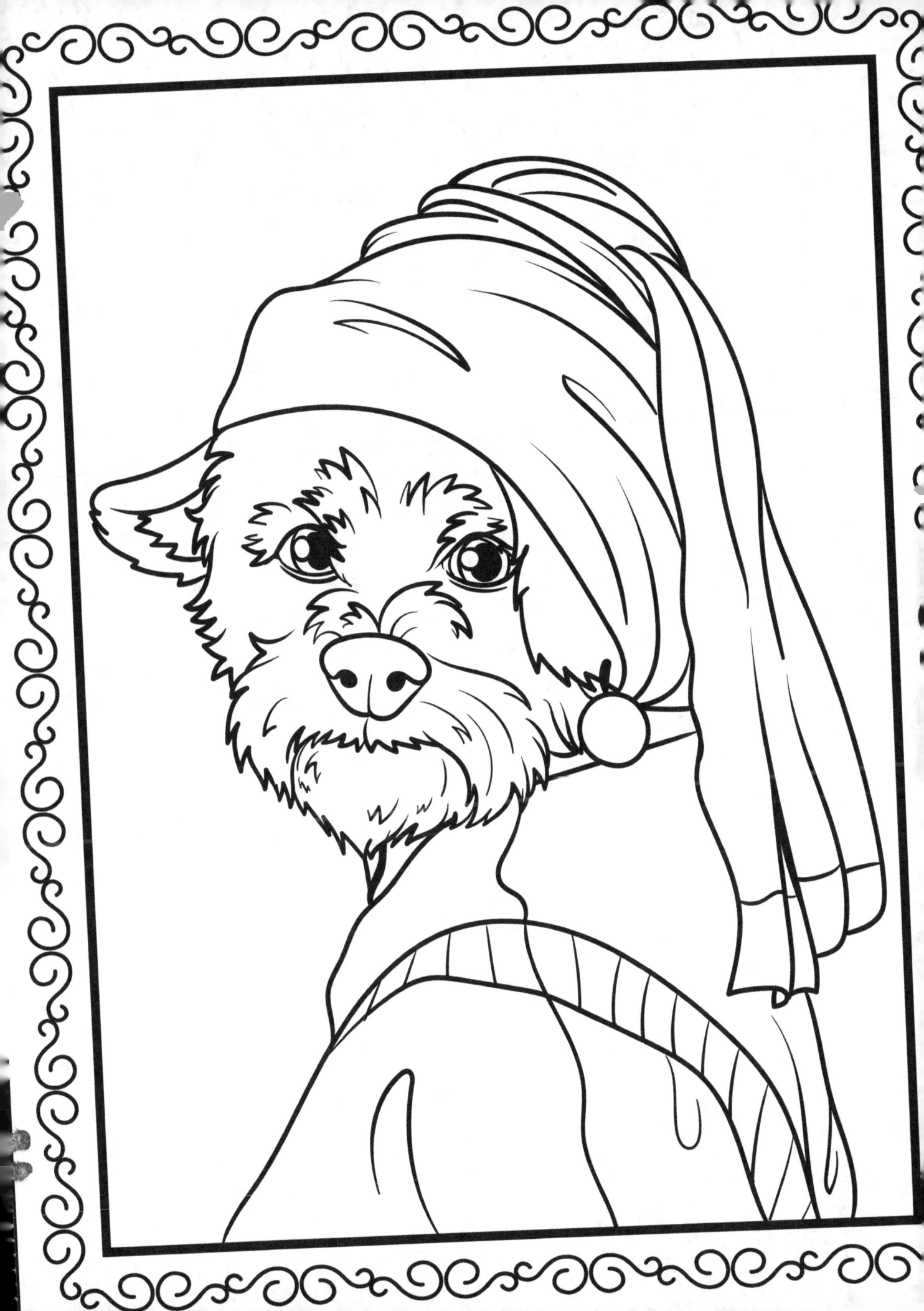

BILD 9

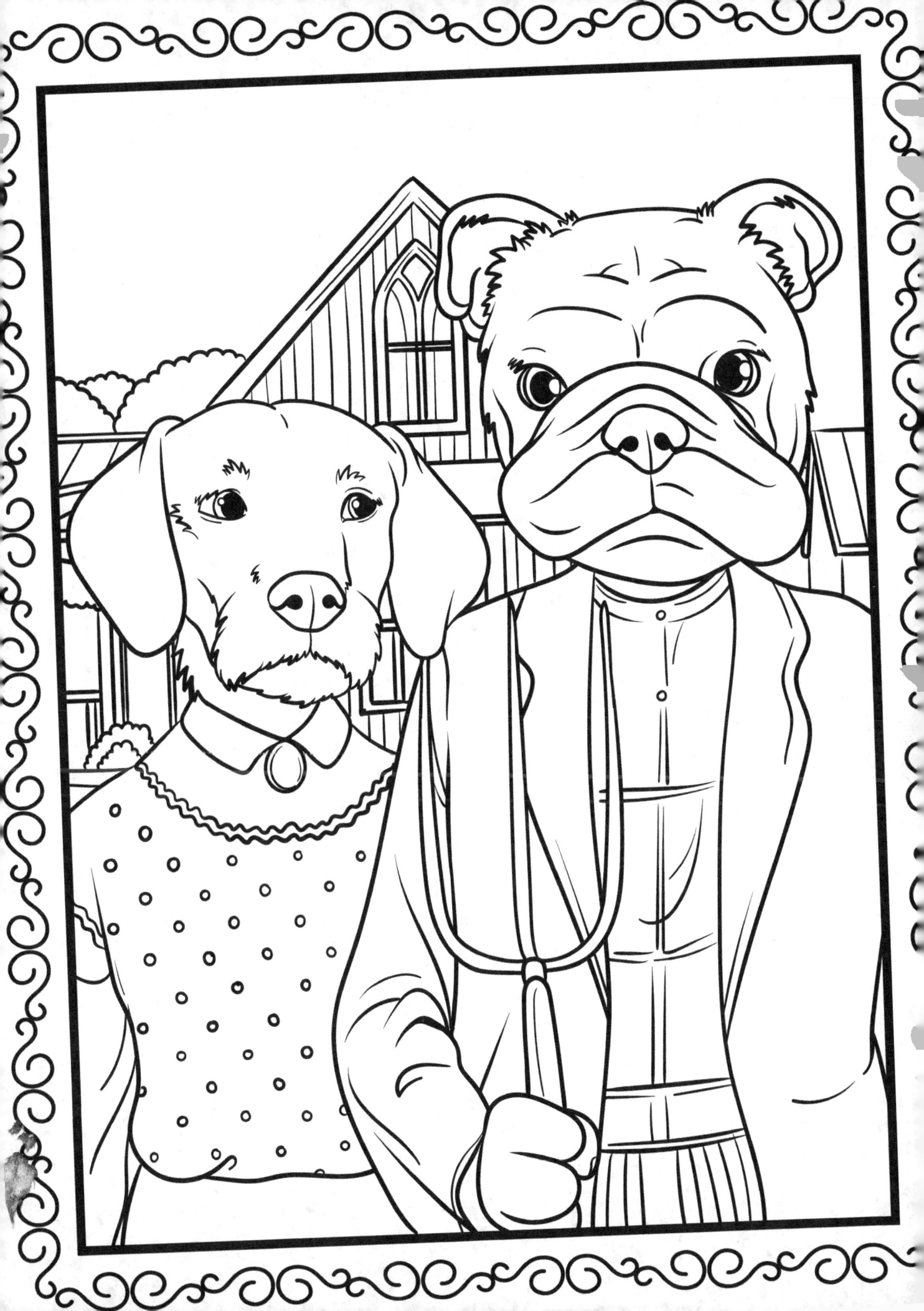

BILD 11

BILD 11

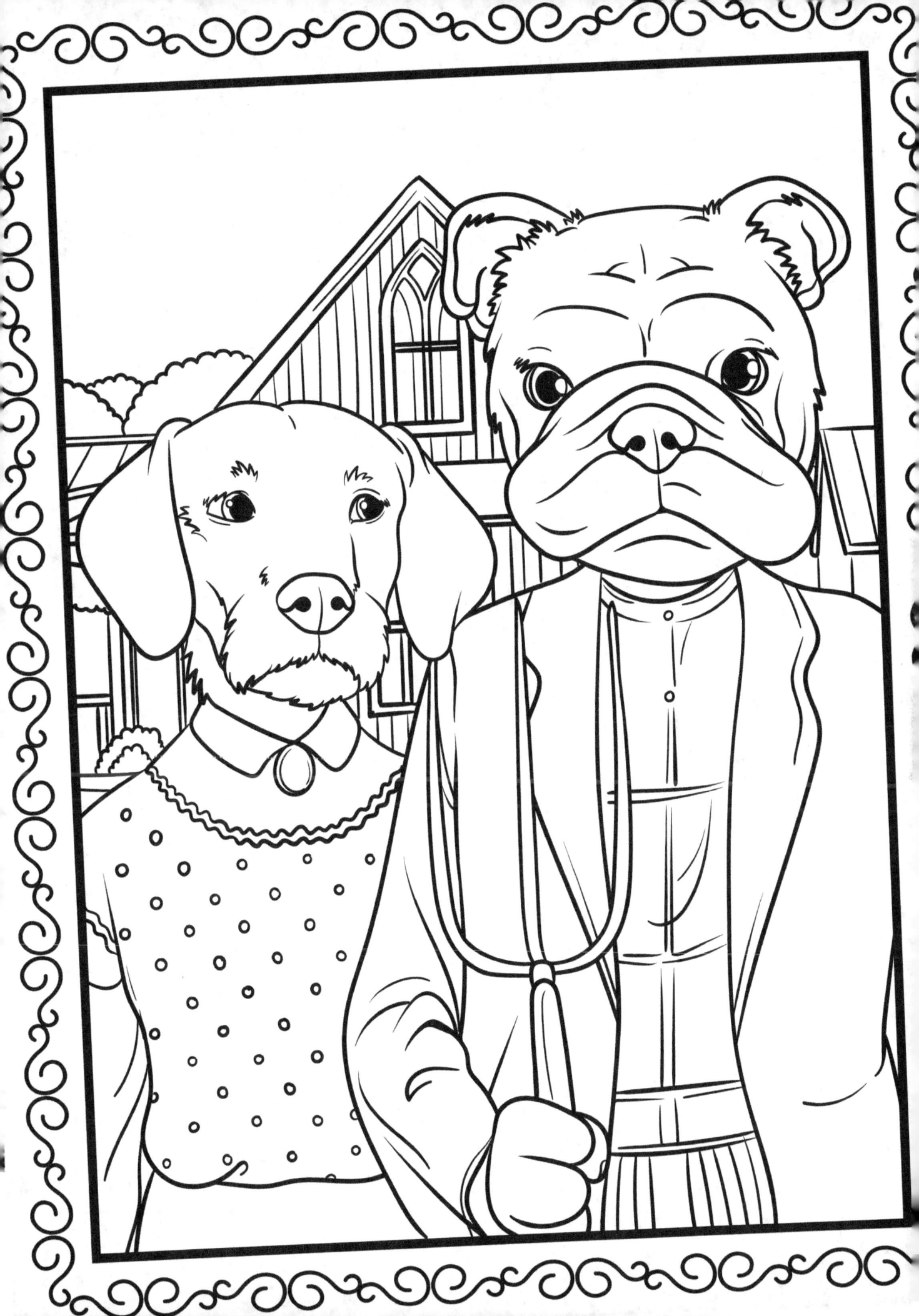

BILD 10

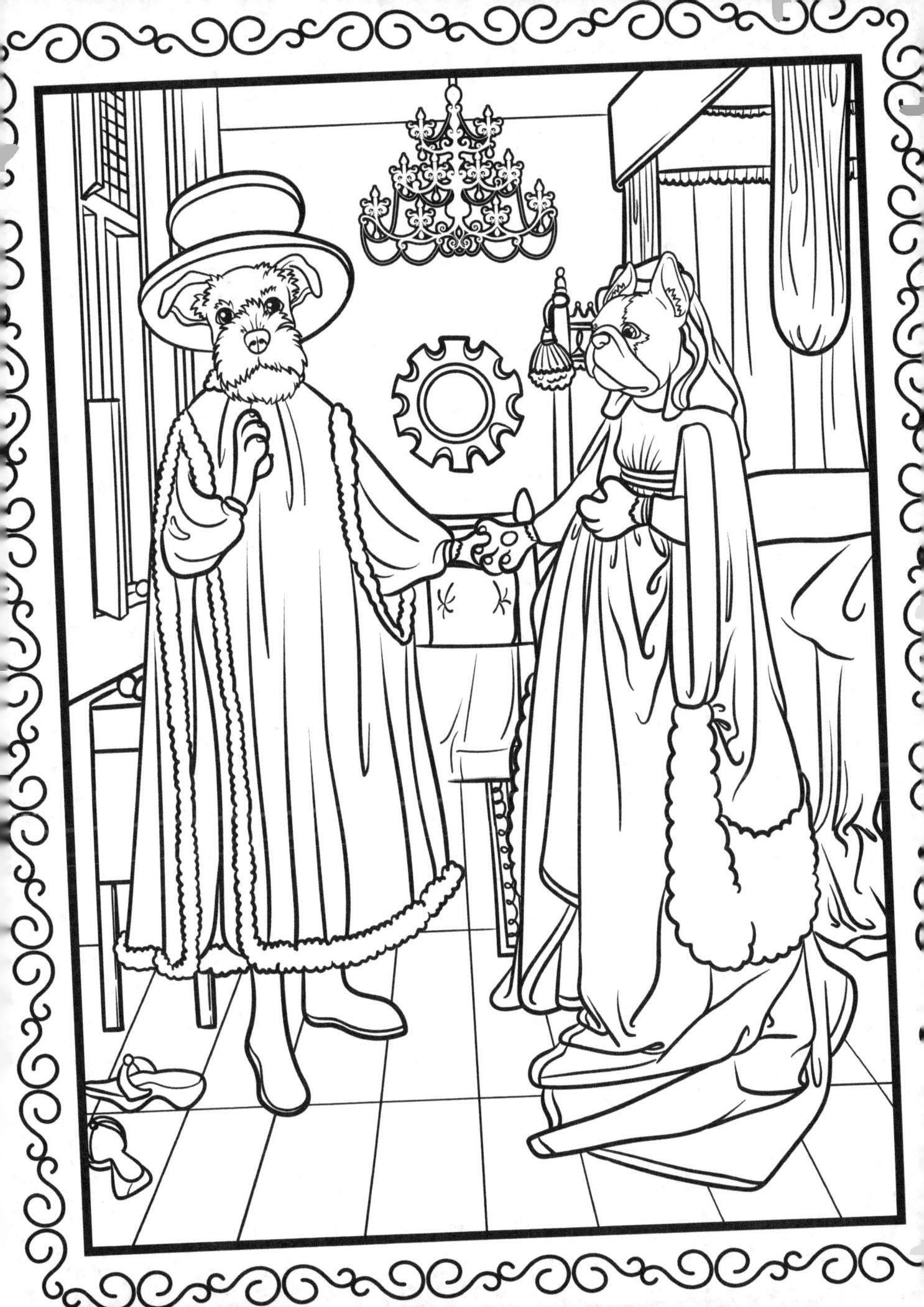

BILD 12

BILD 12

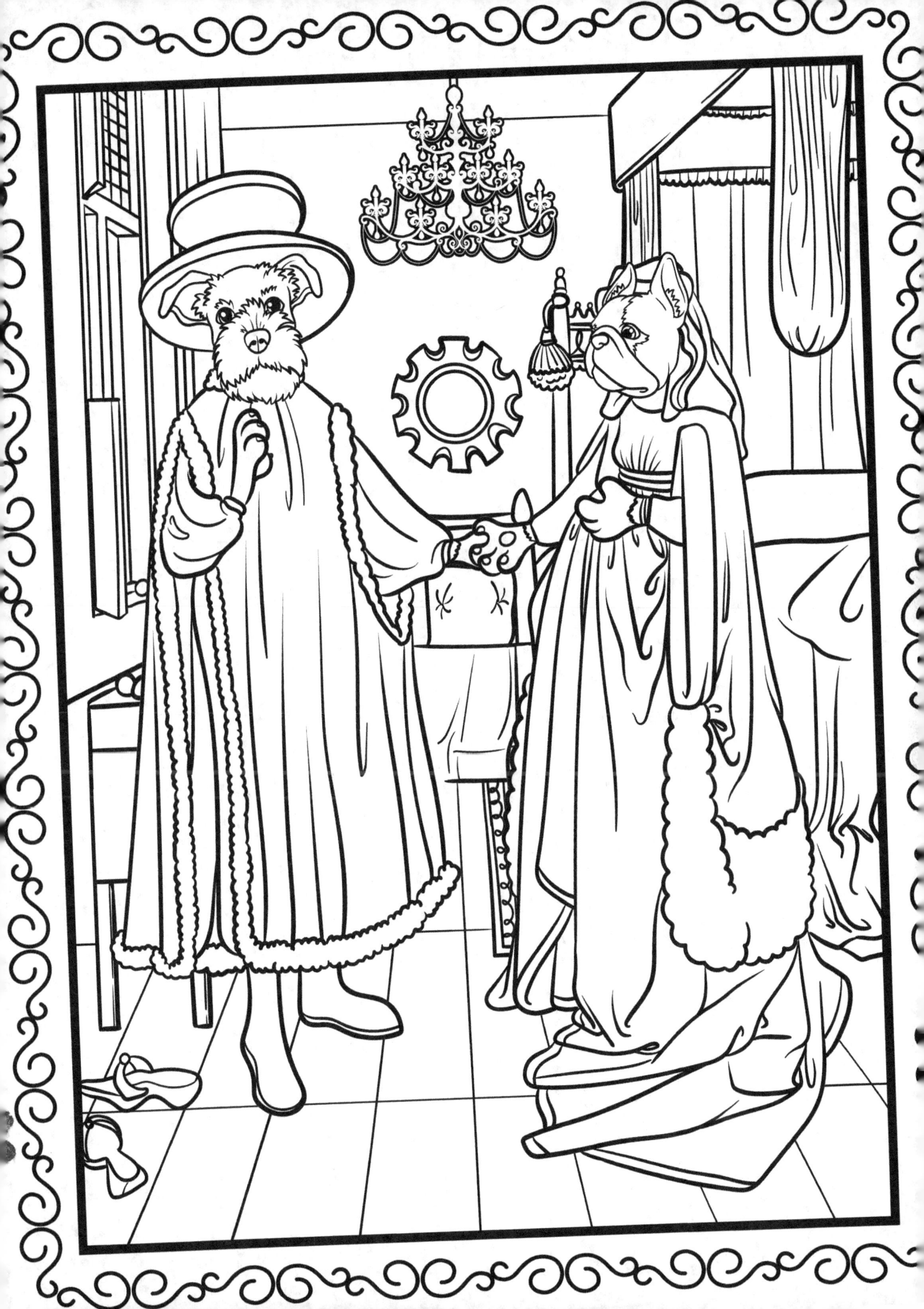

BILD 13

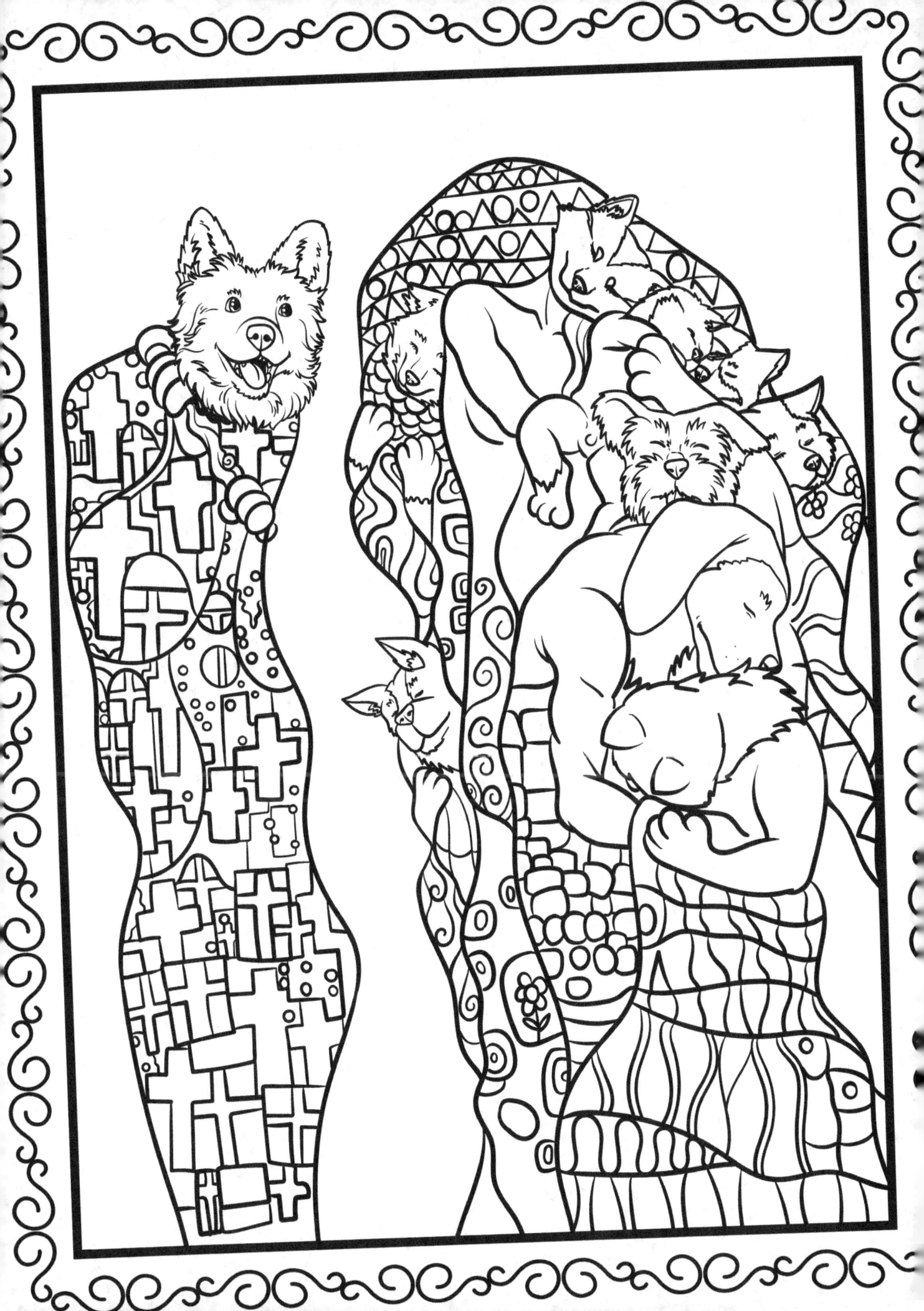

BILD 14

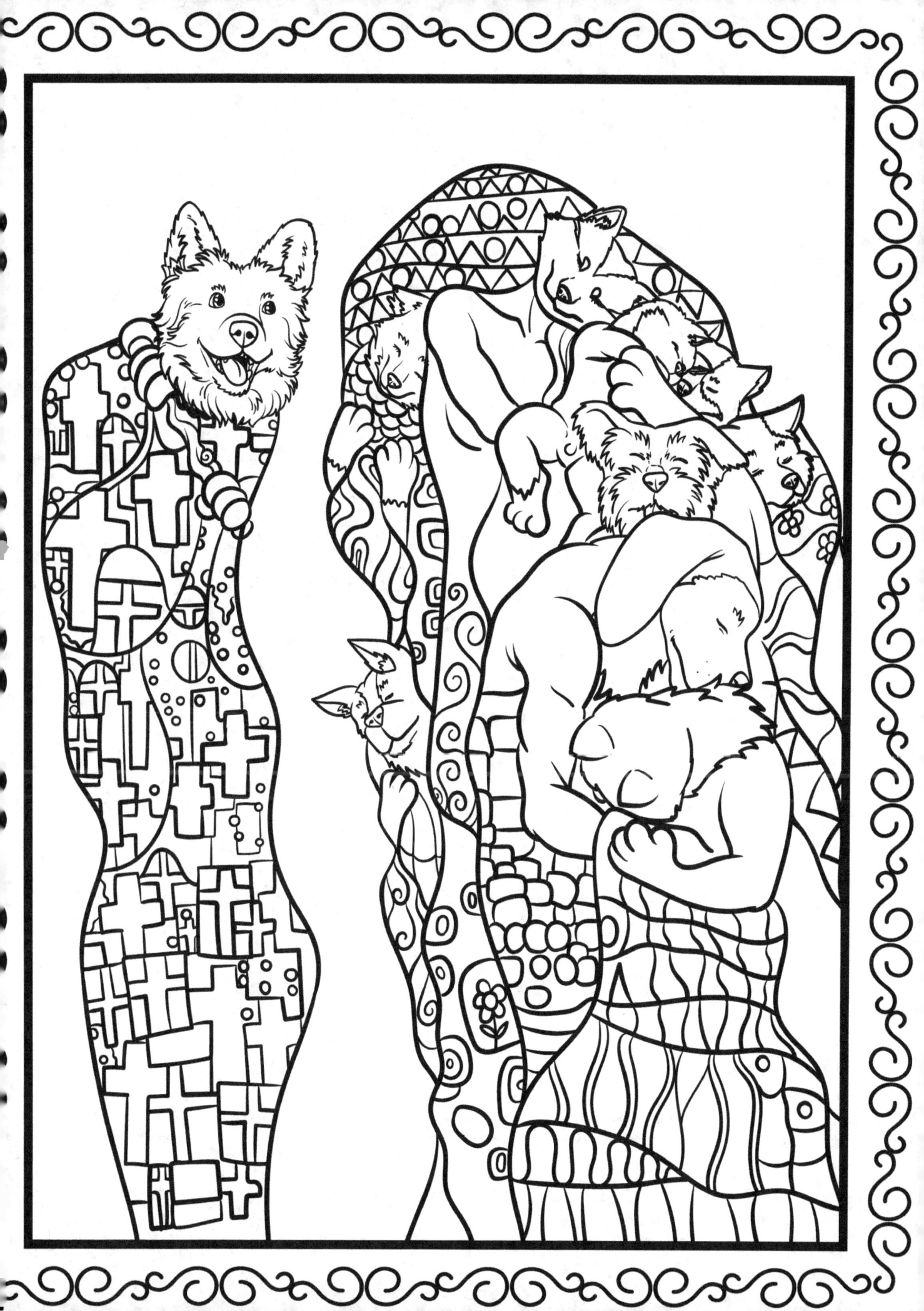

BILD 15

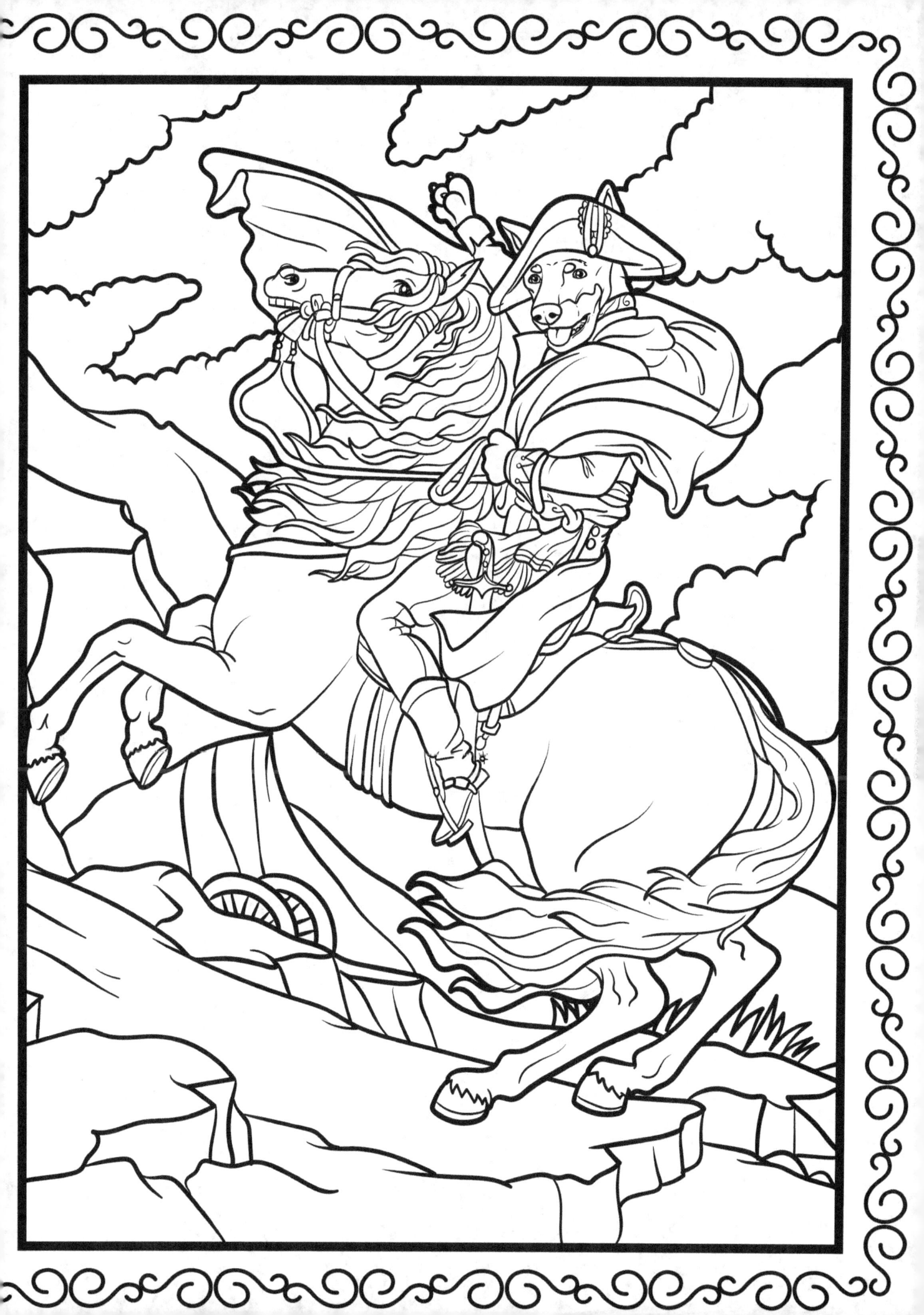

BILD 16

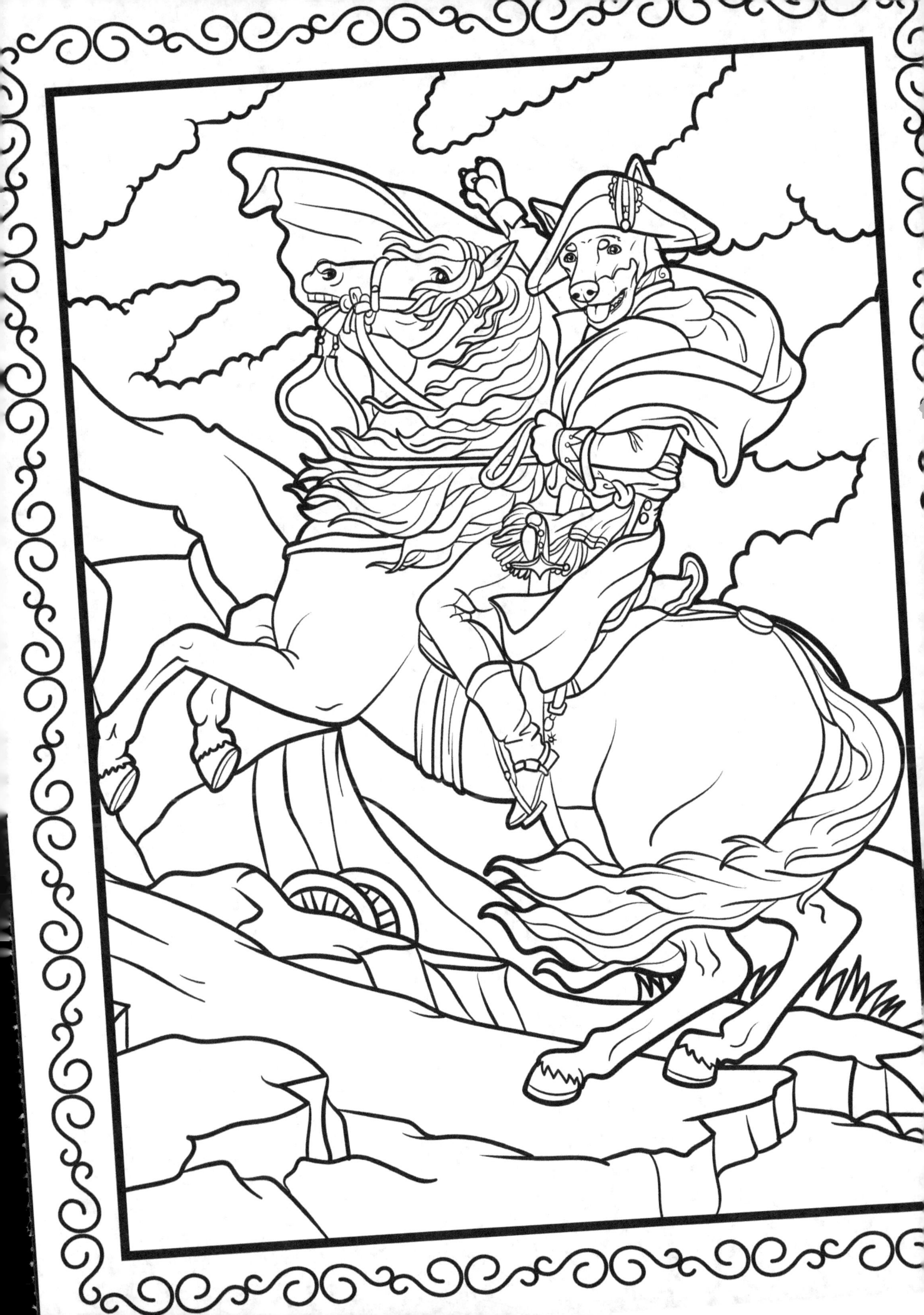

BILD 17

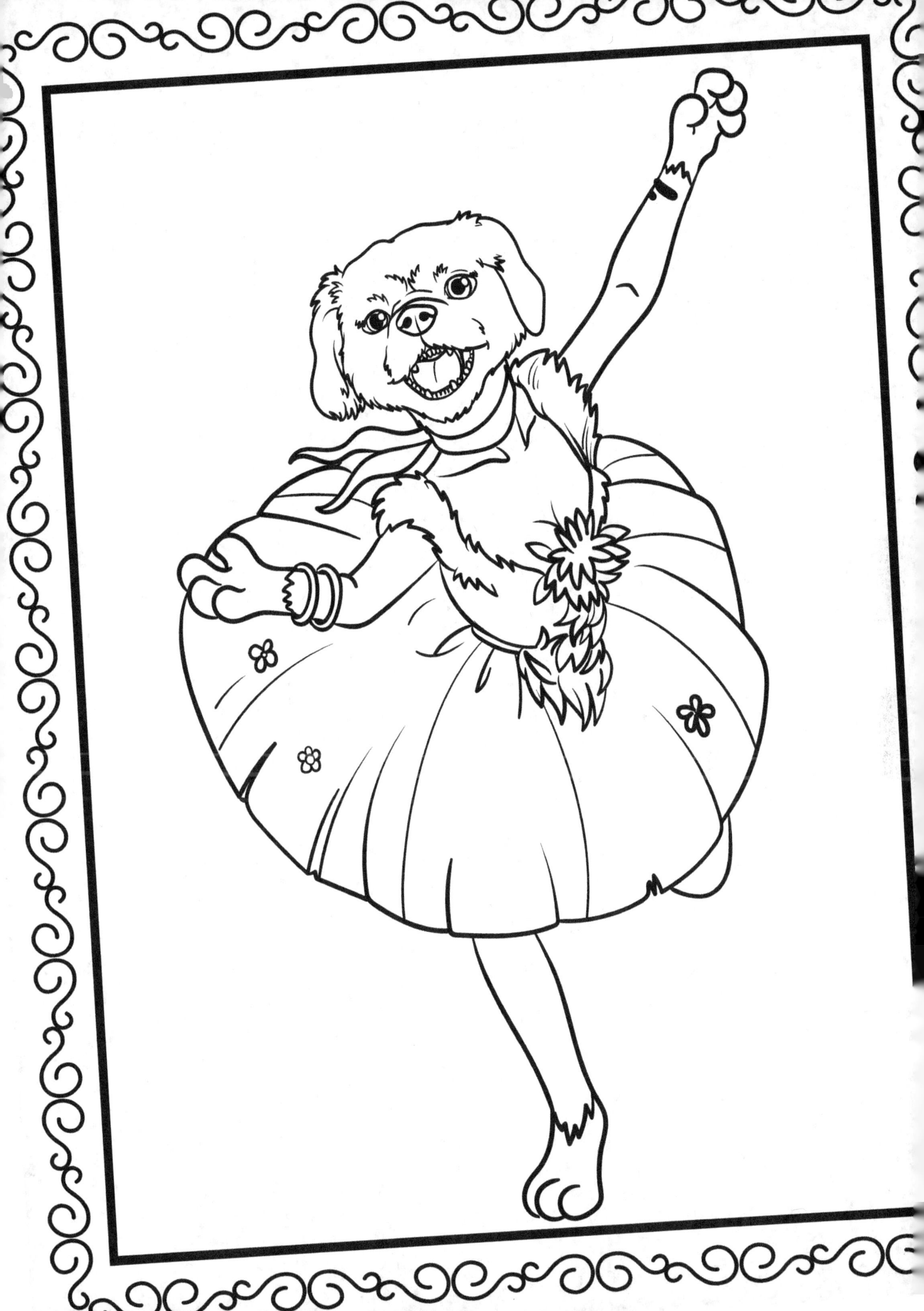

BILD 18

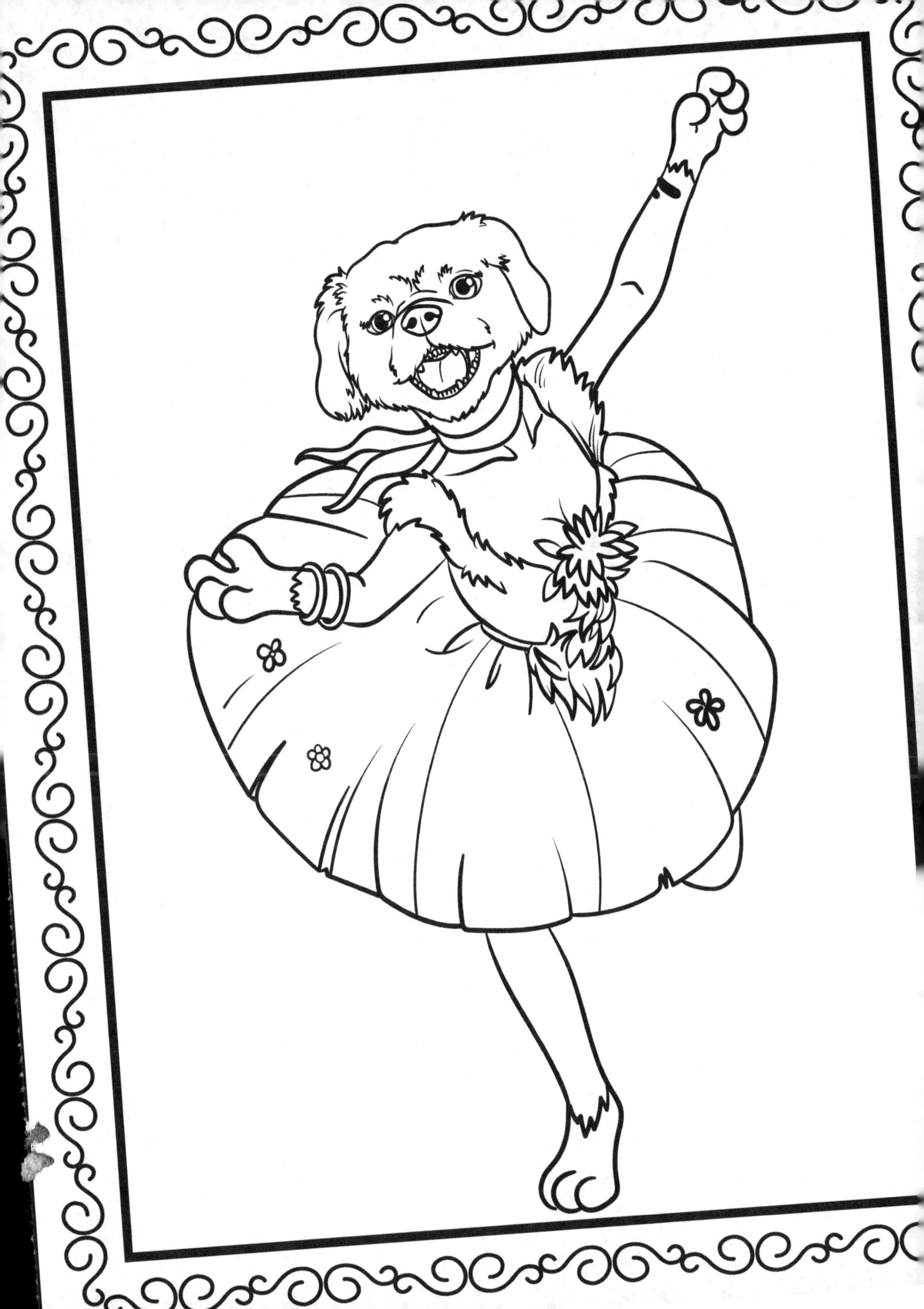

BILD 19

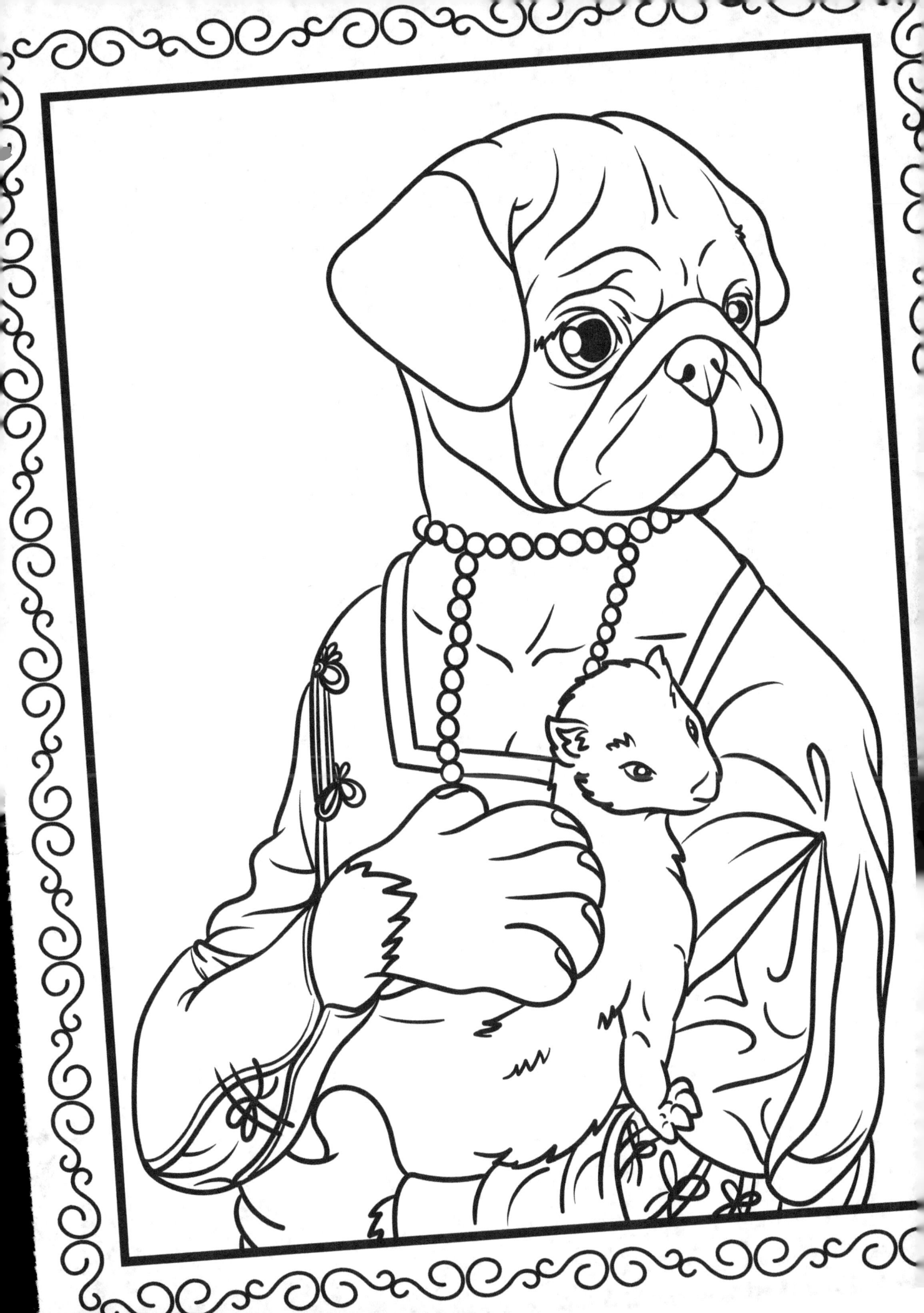

BILD 20

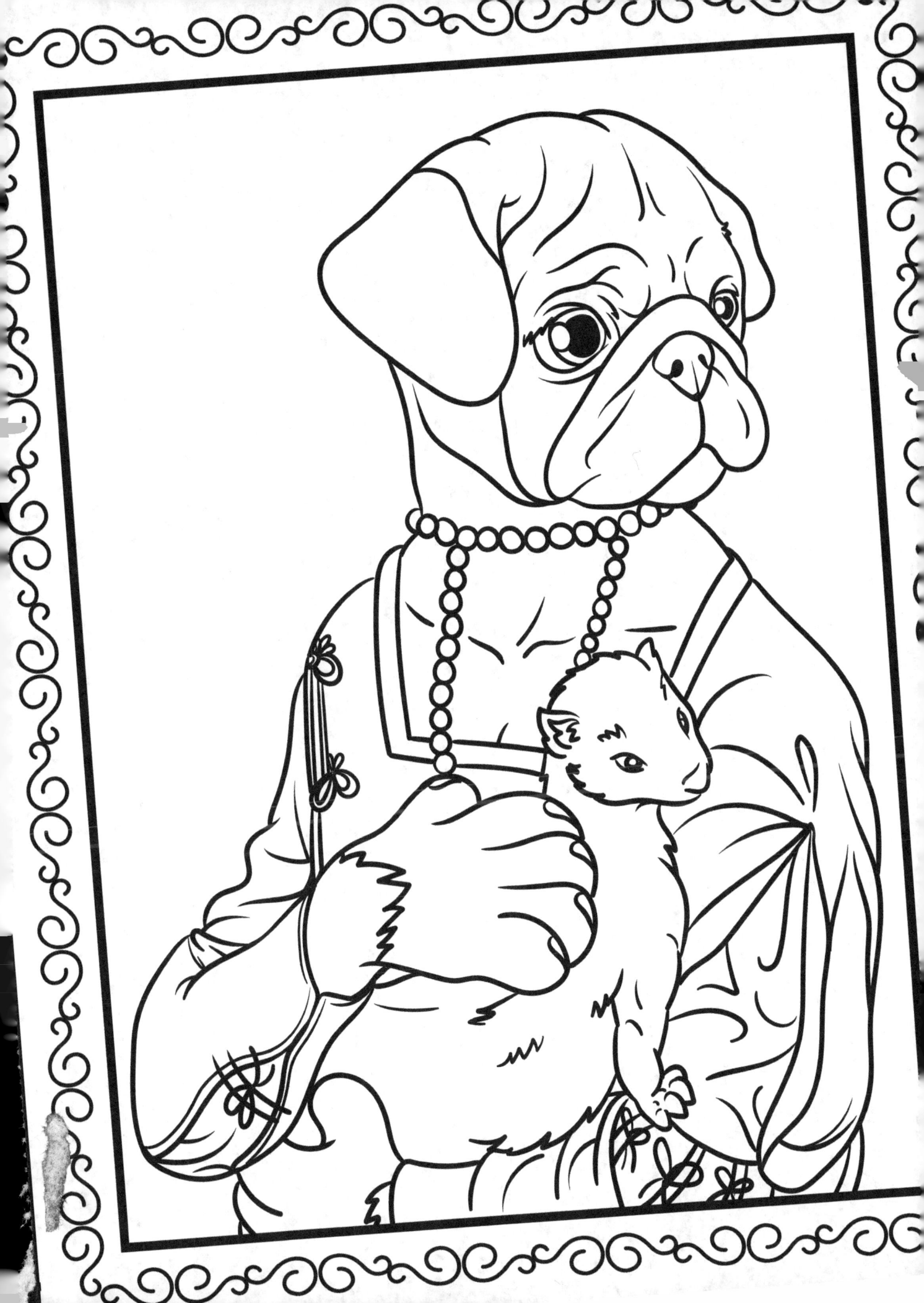

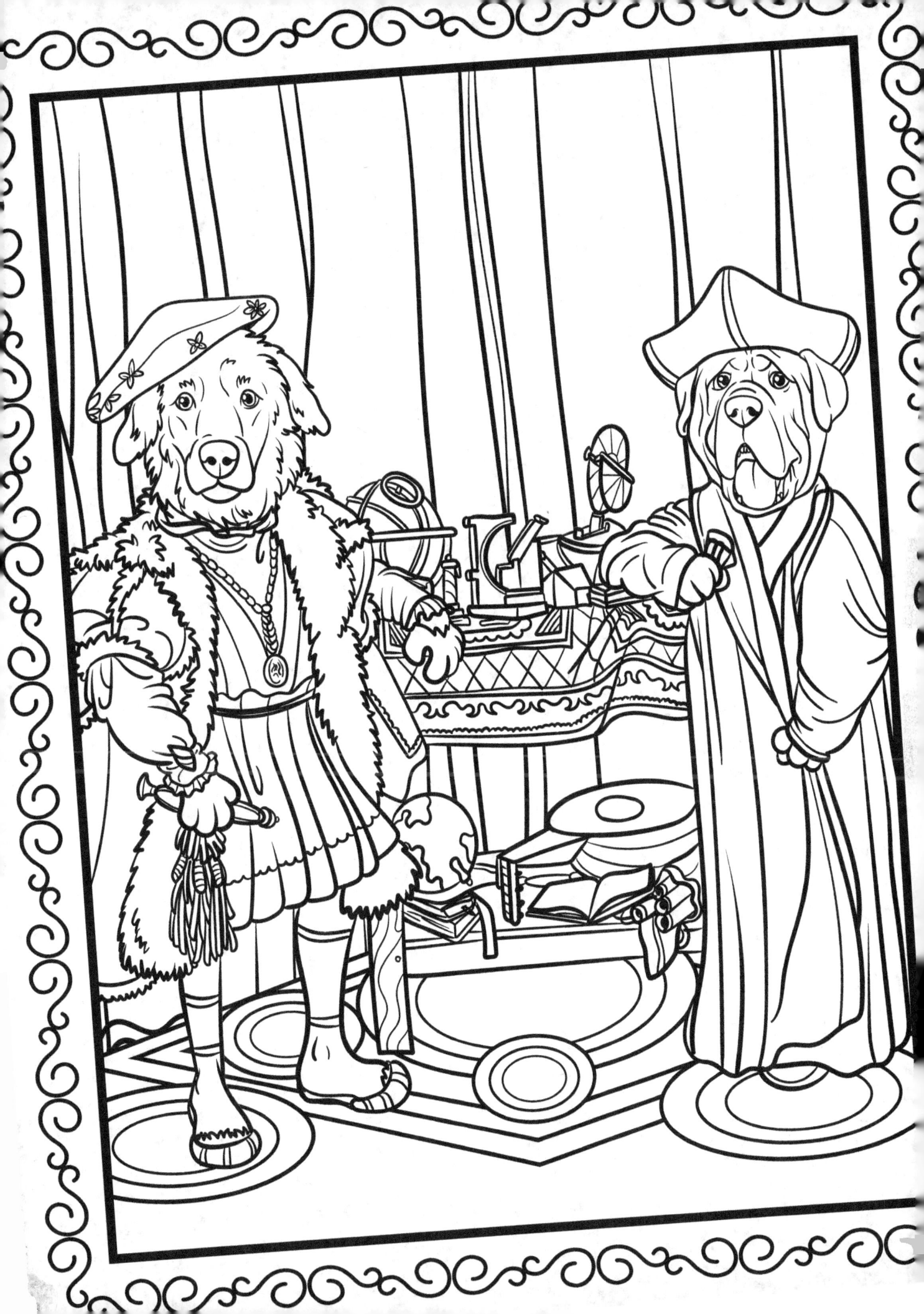

BILD 22

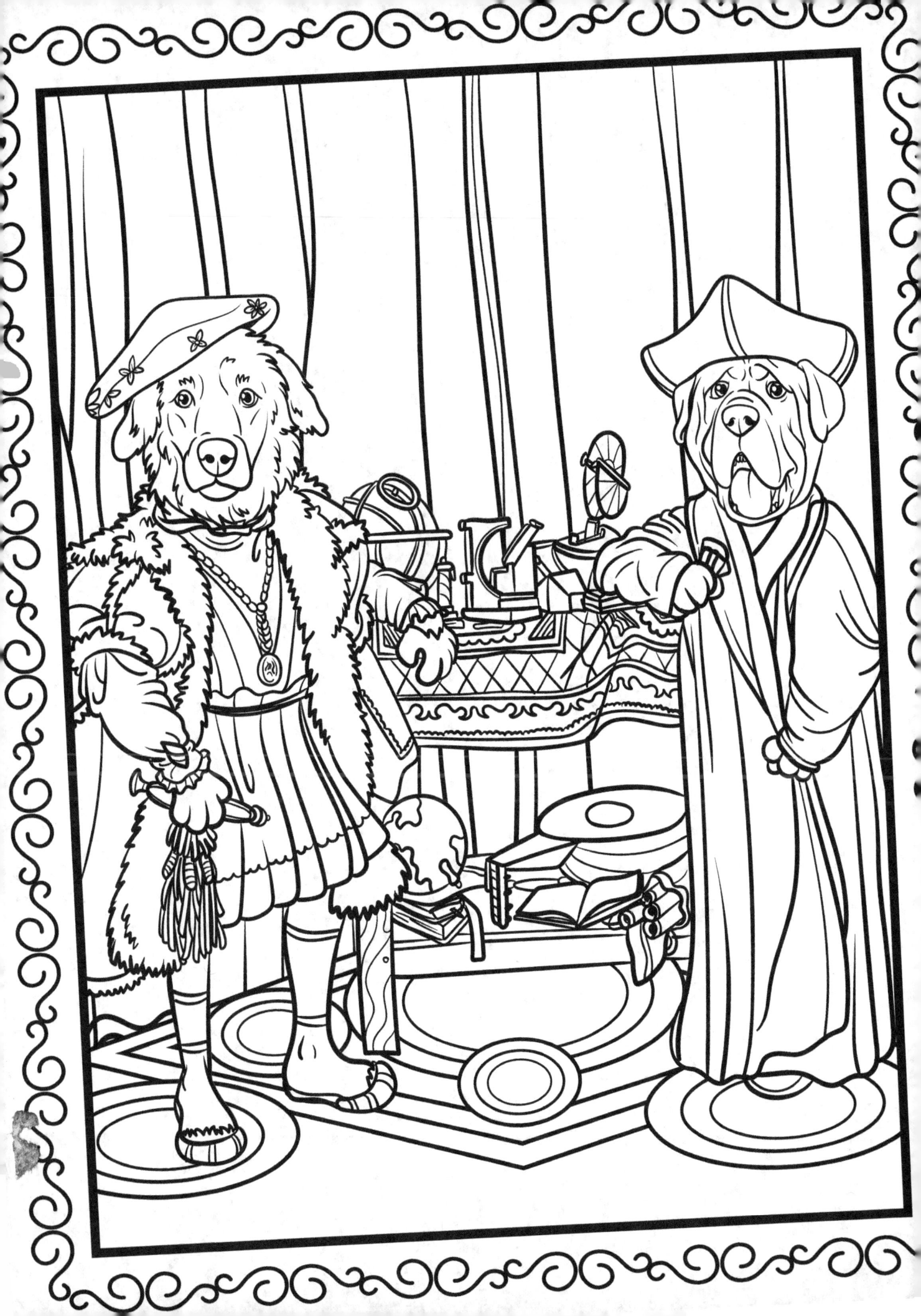

BILD 23

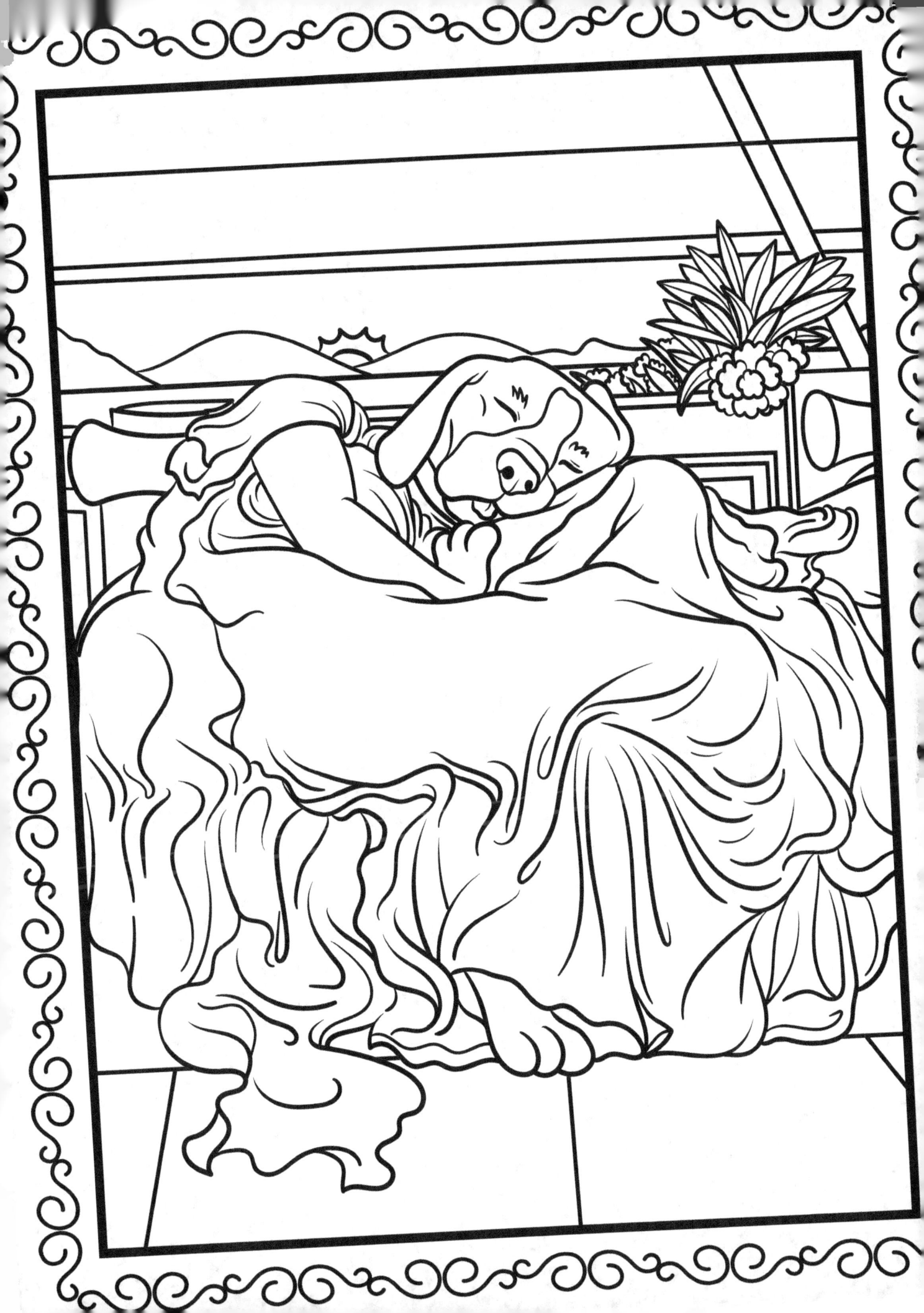

BILD 24

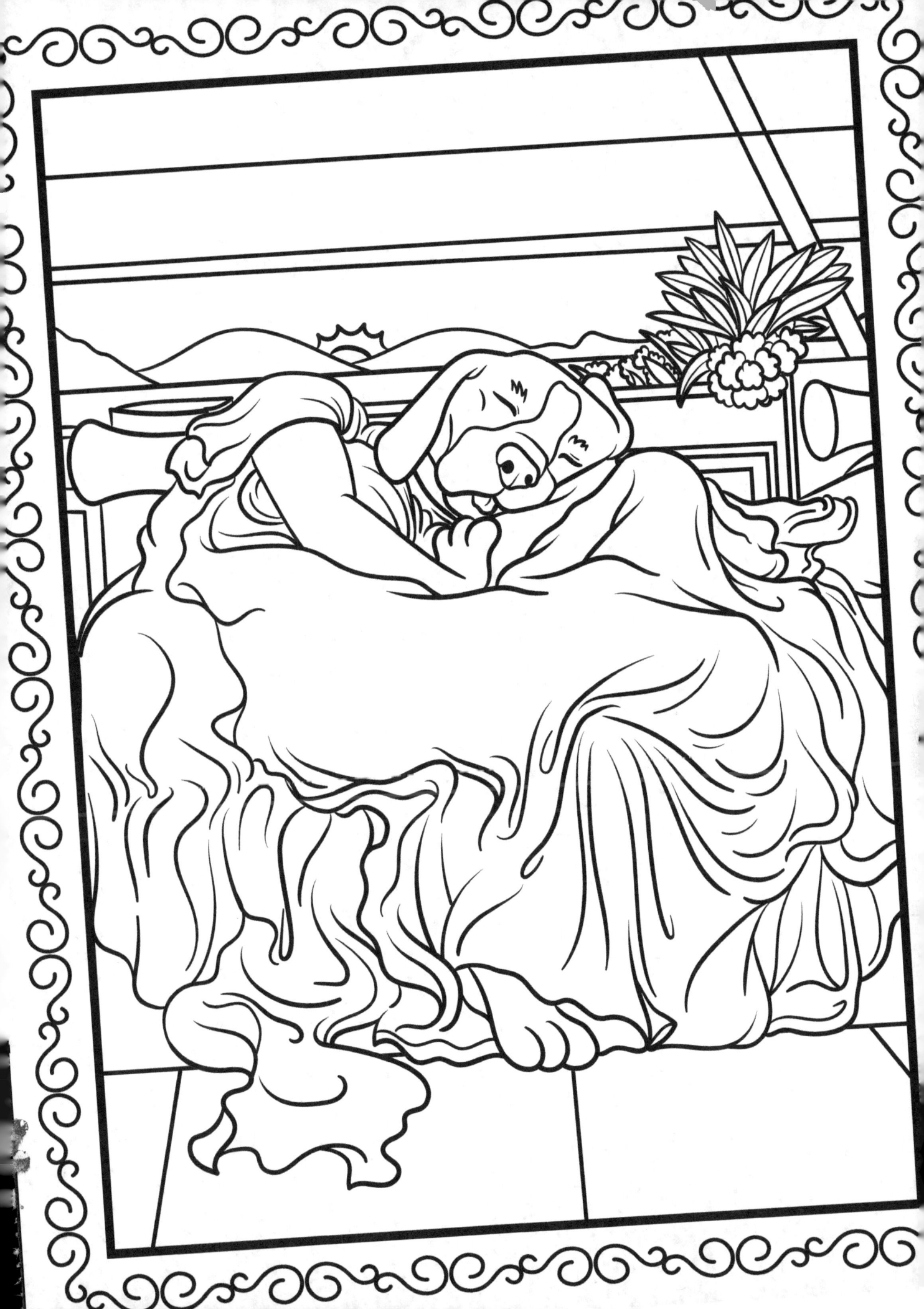

BILD 25

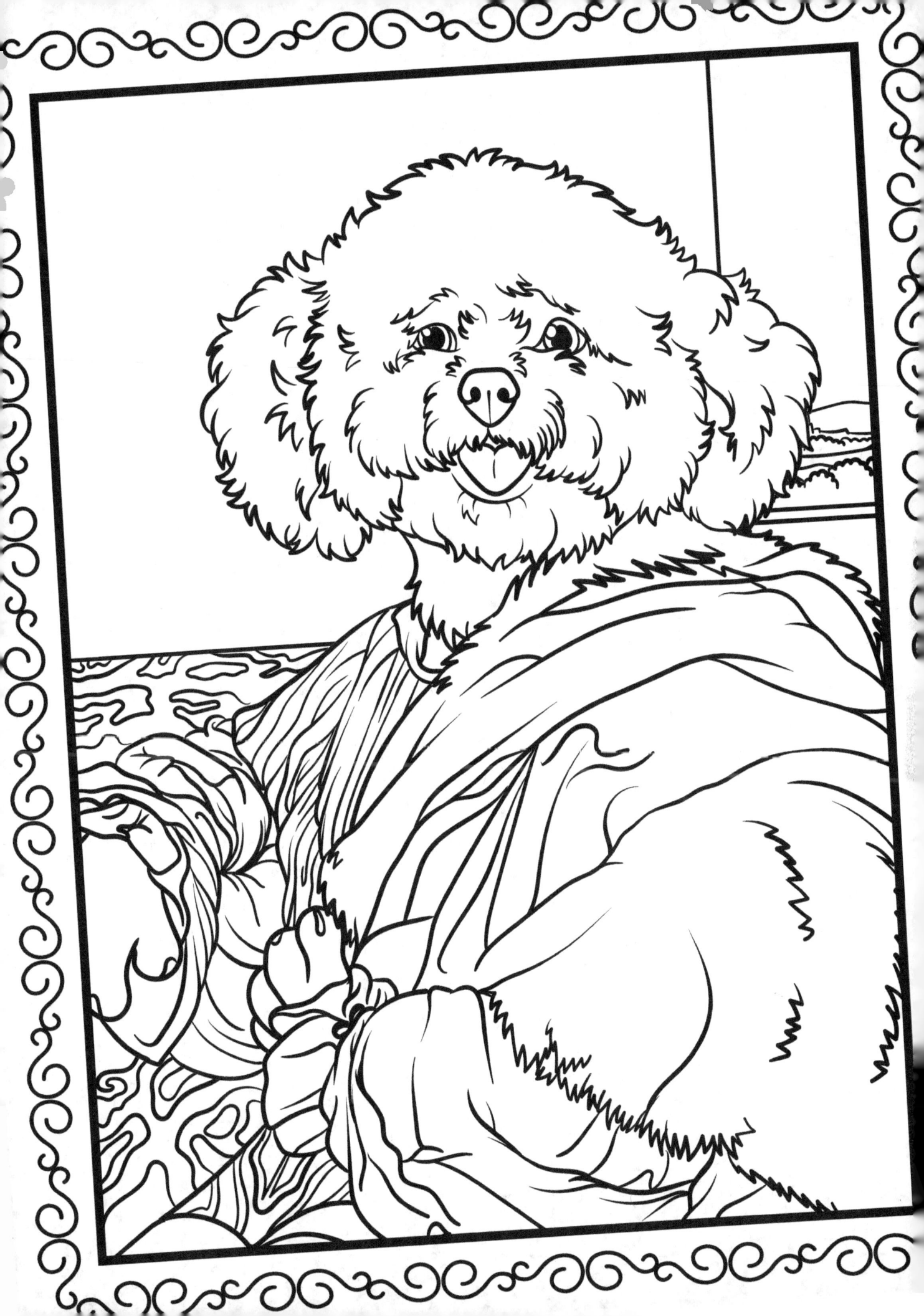

BILD 26

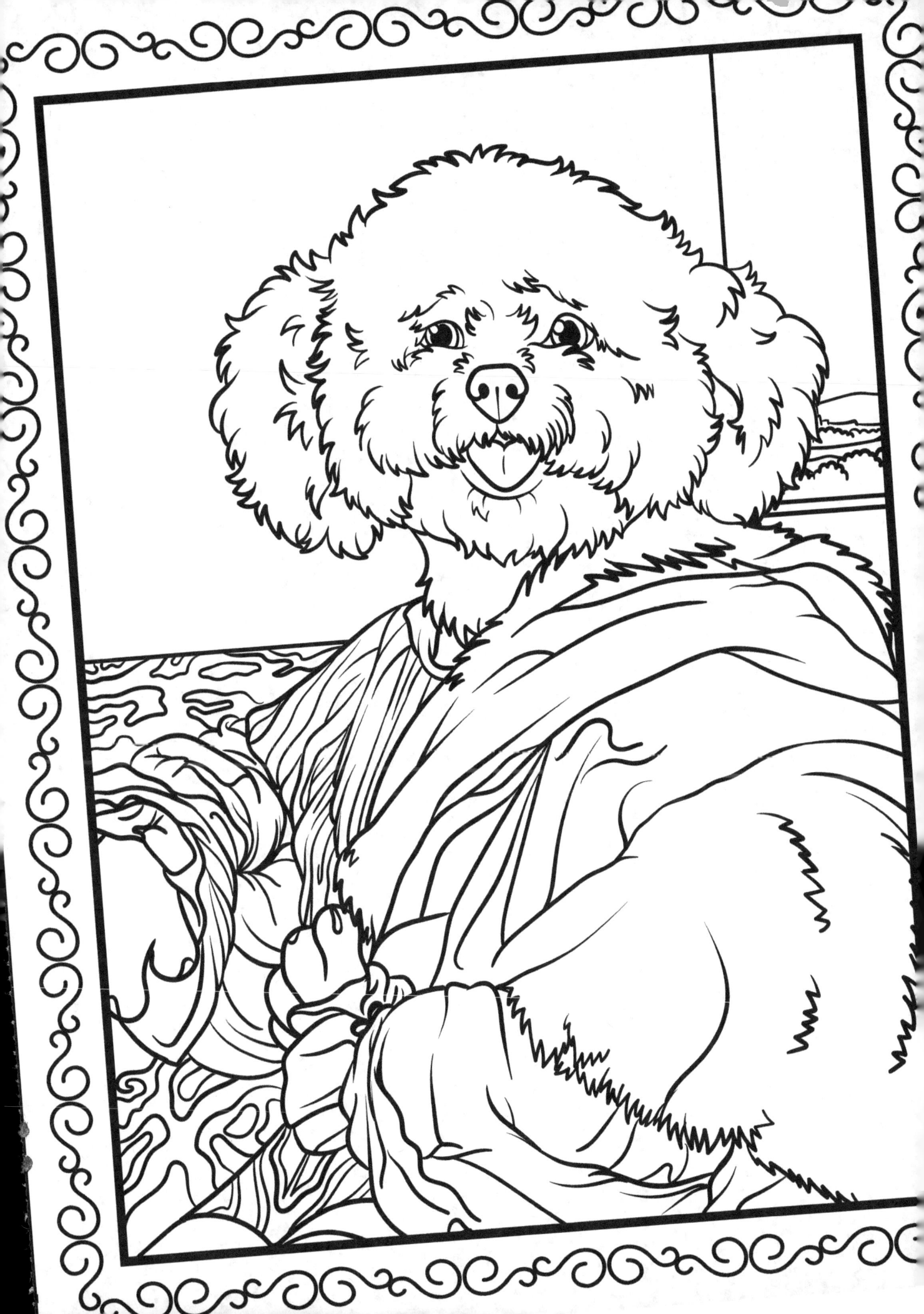

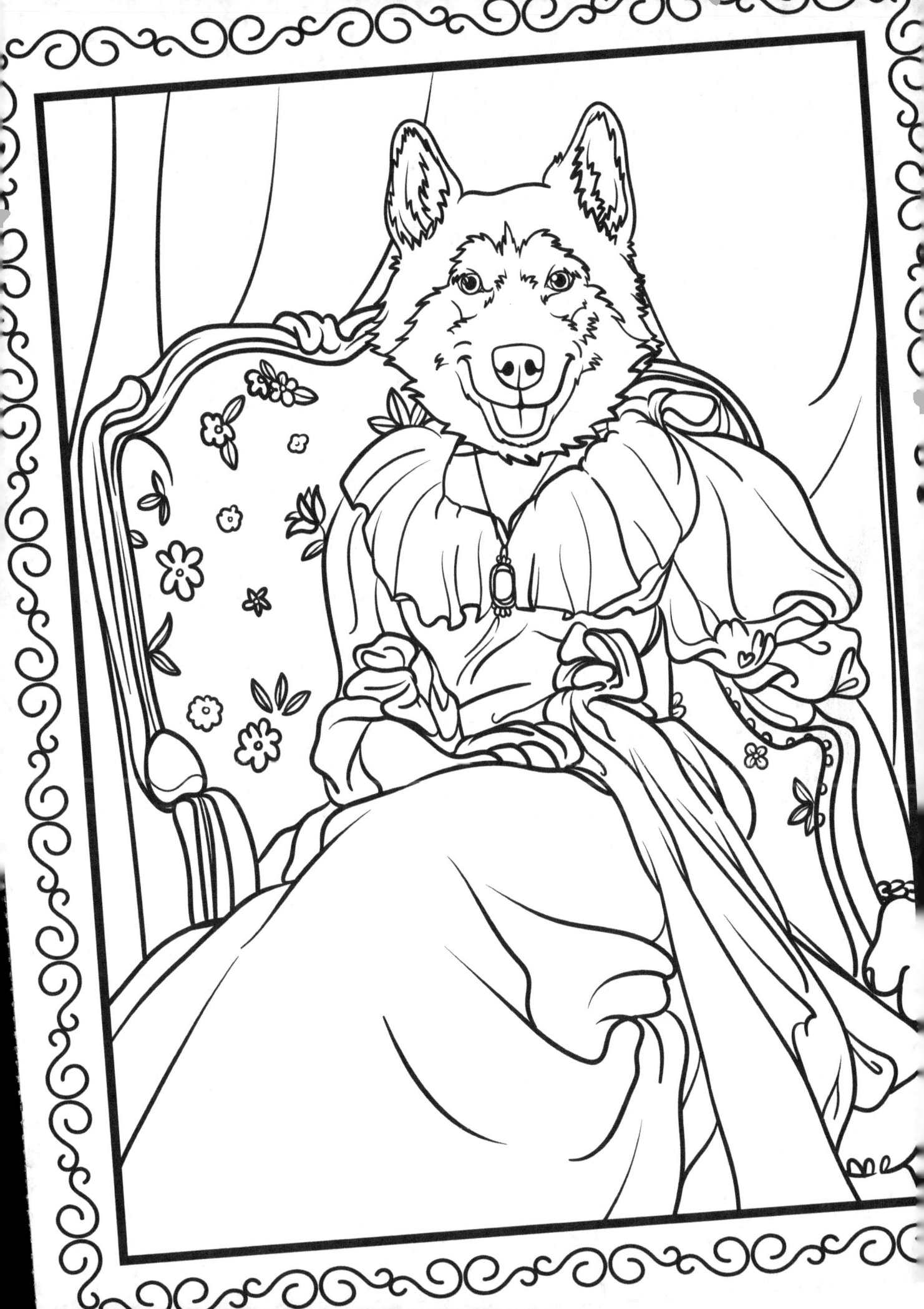

BILD 28

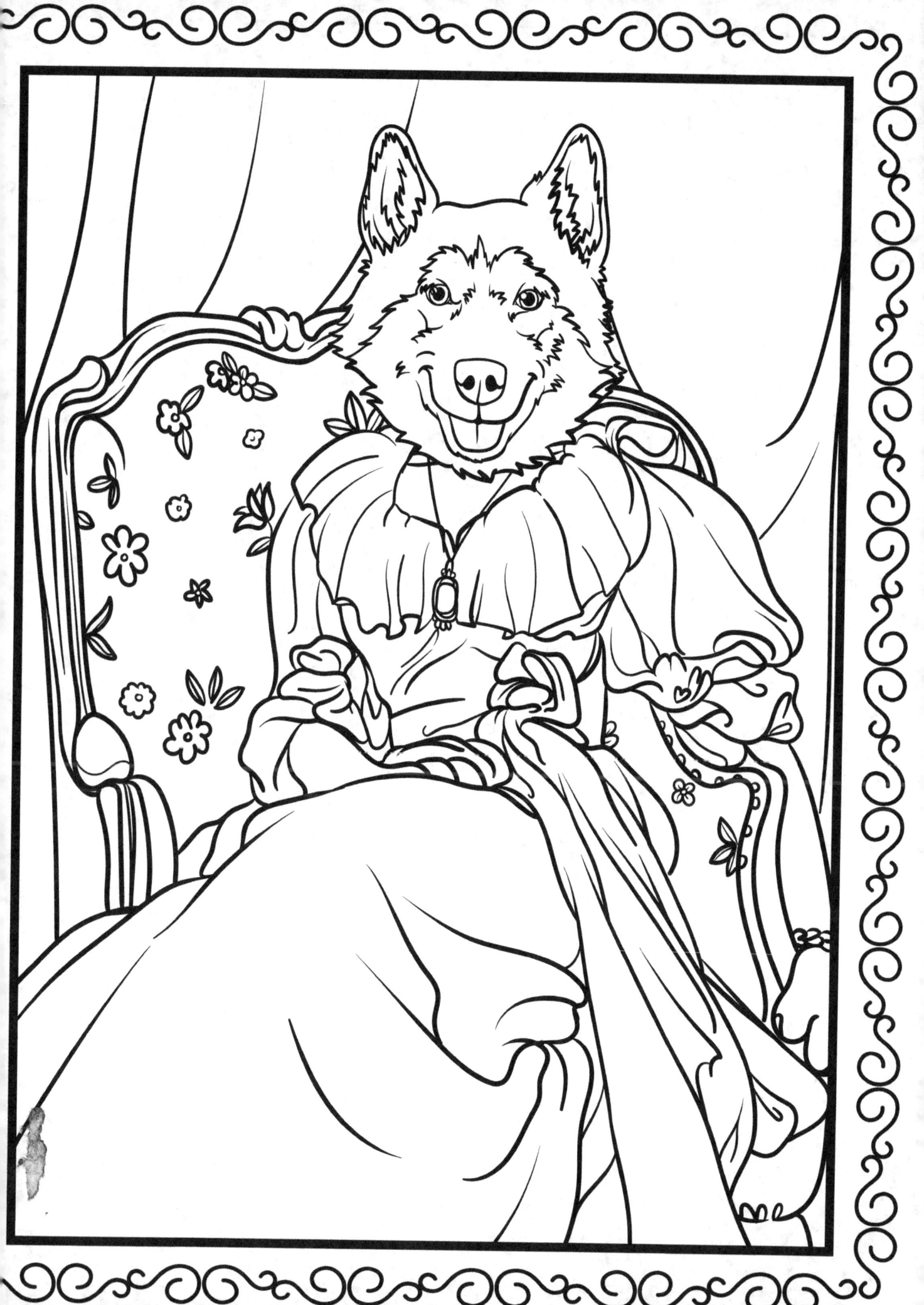

BILD 29

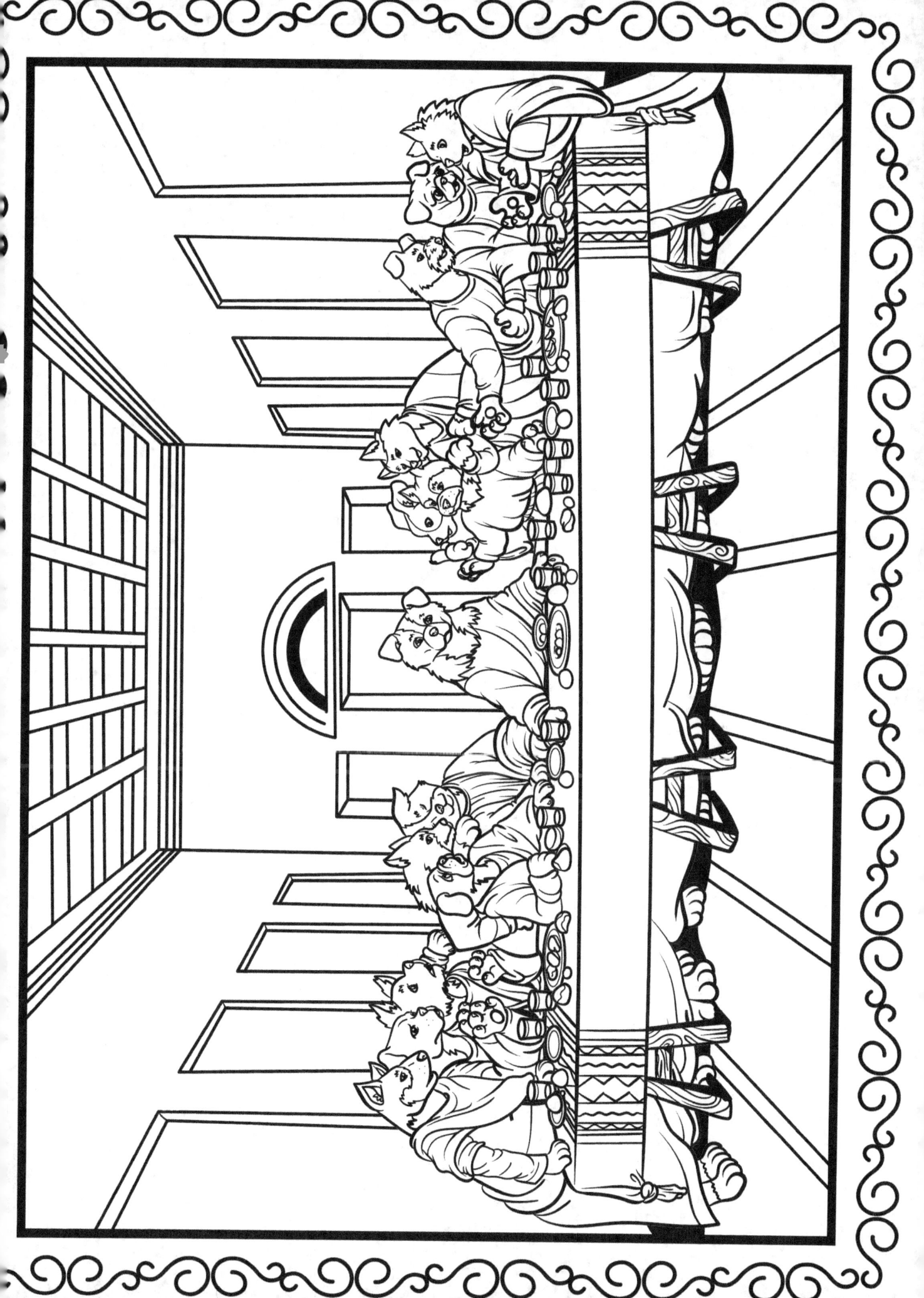

BILD 30

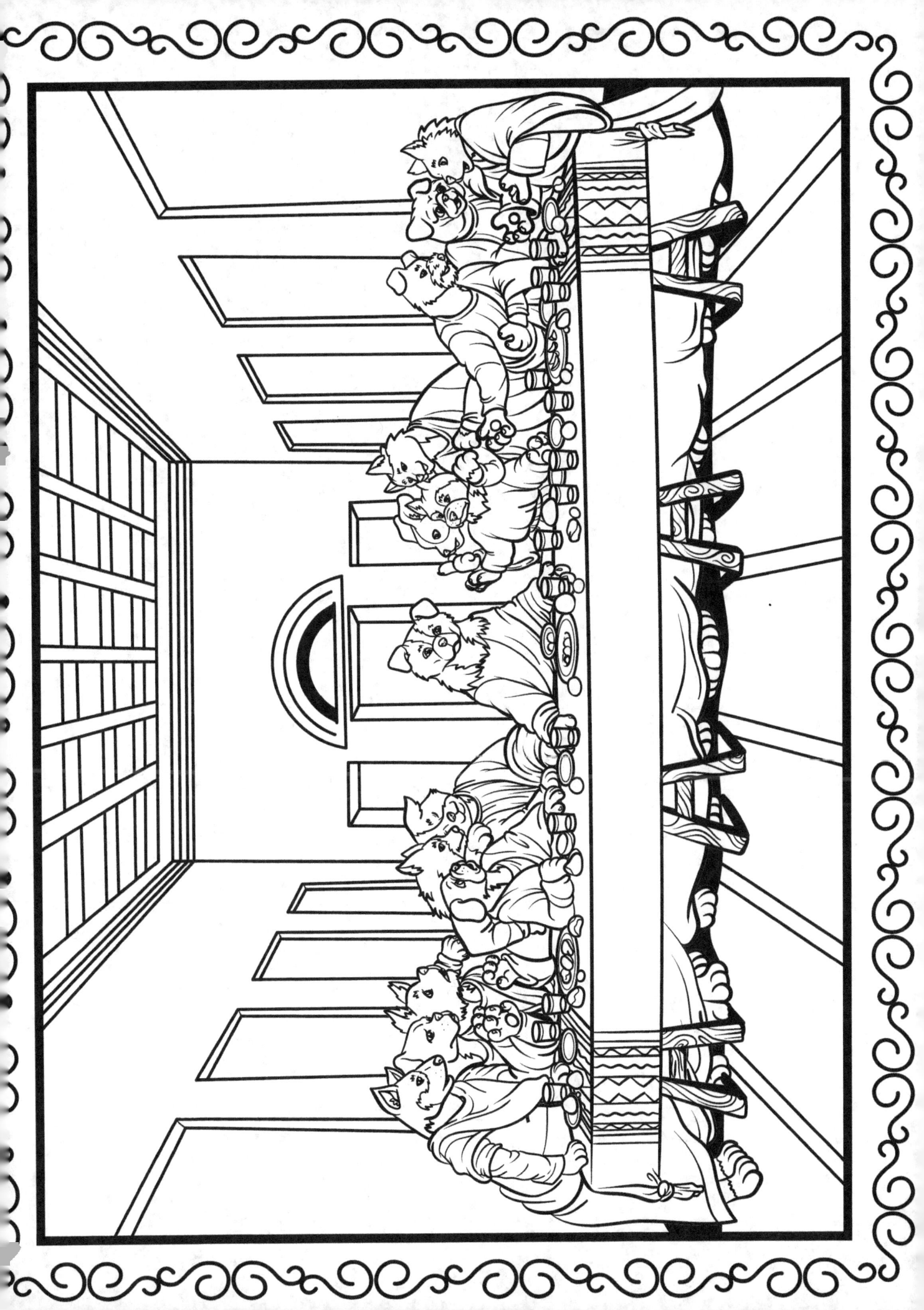

BILD 31

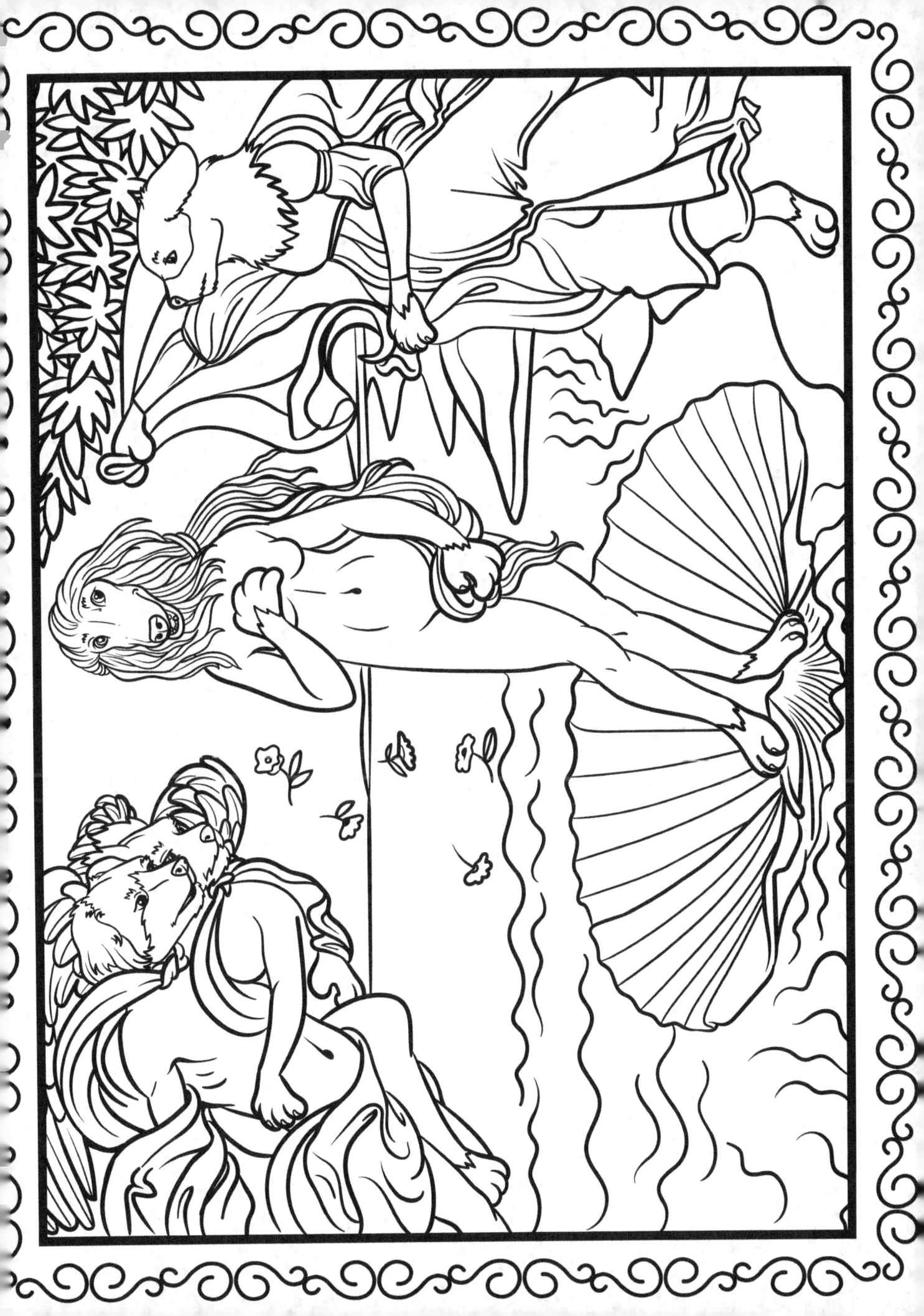

BILD 32

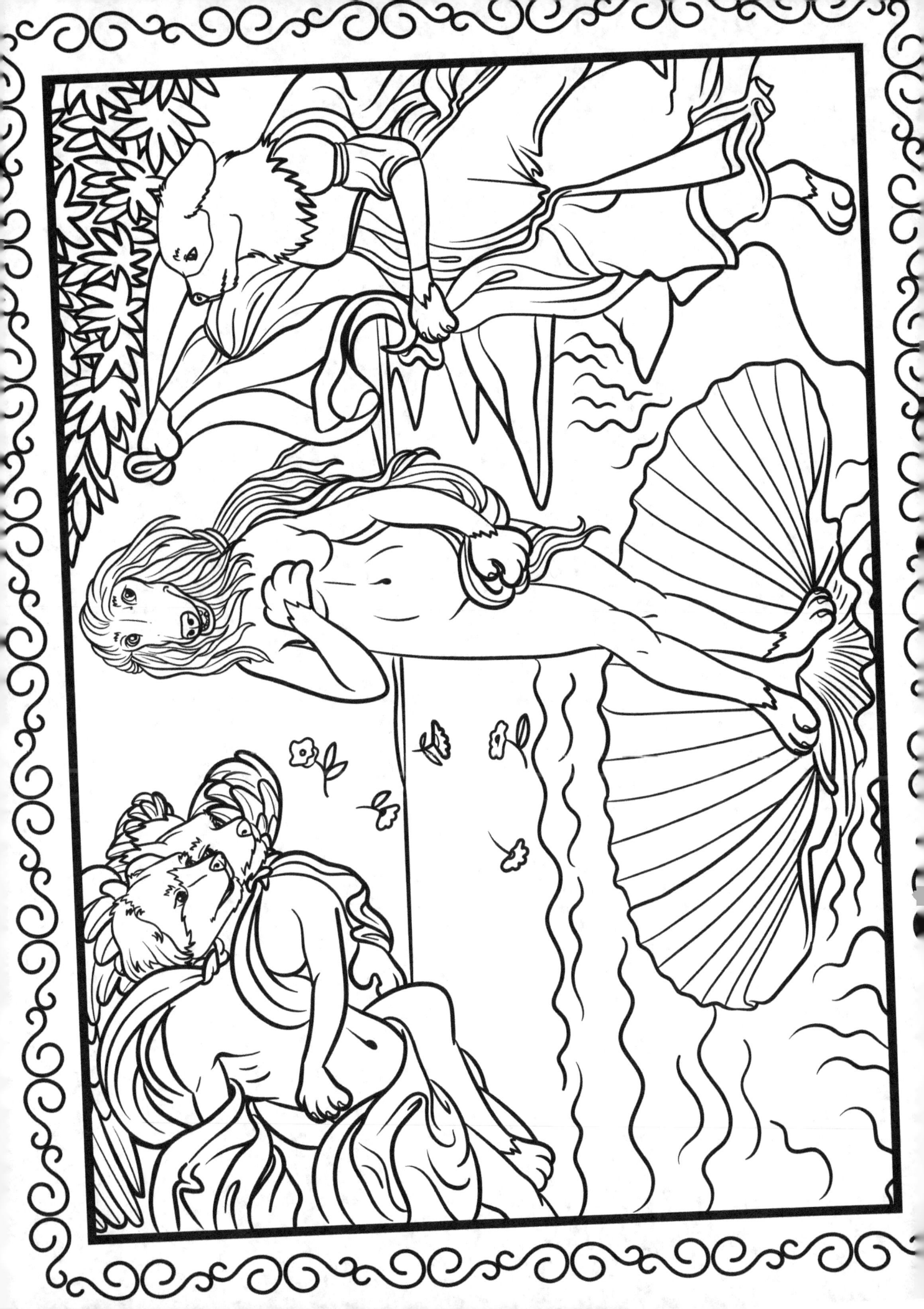

BILD 33

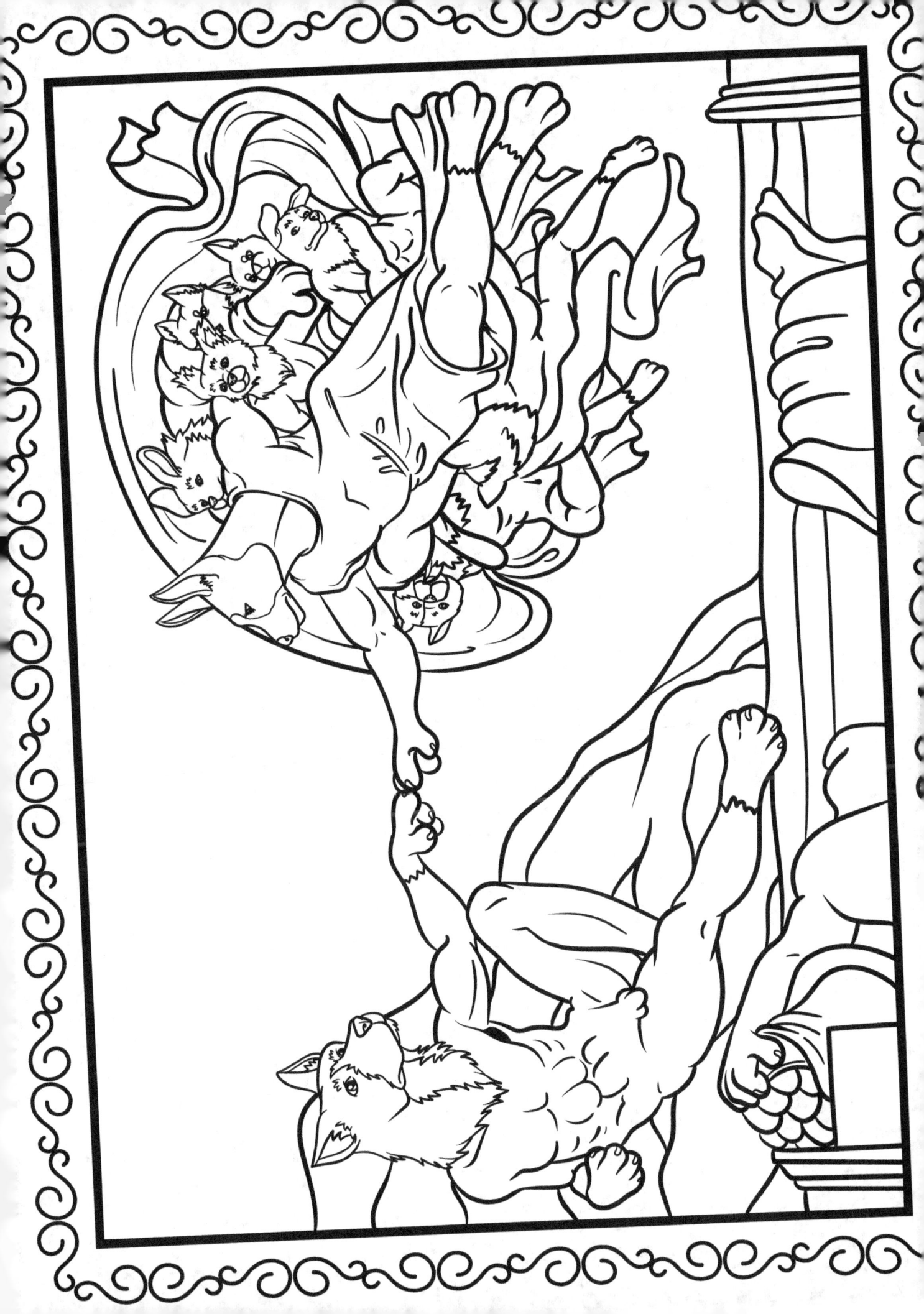

BILD 34

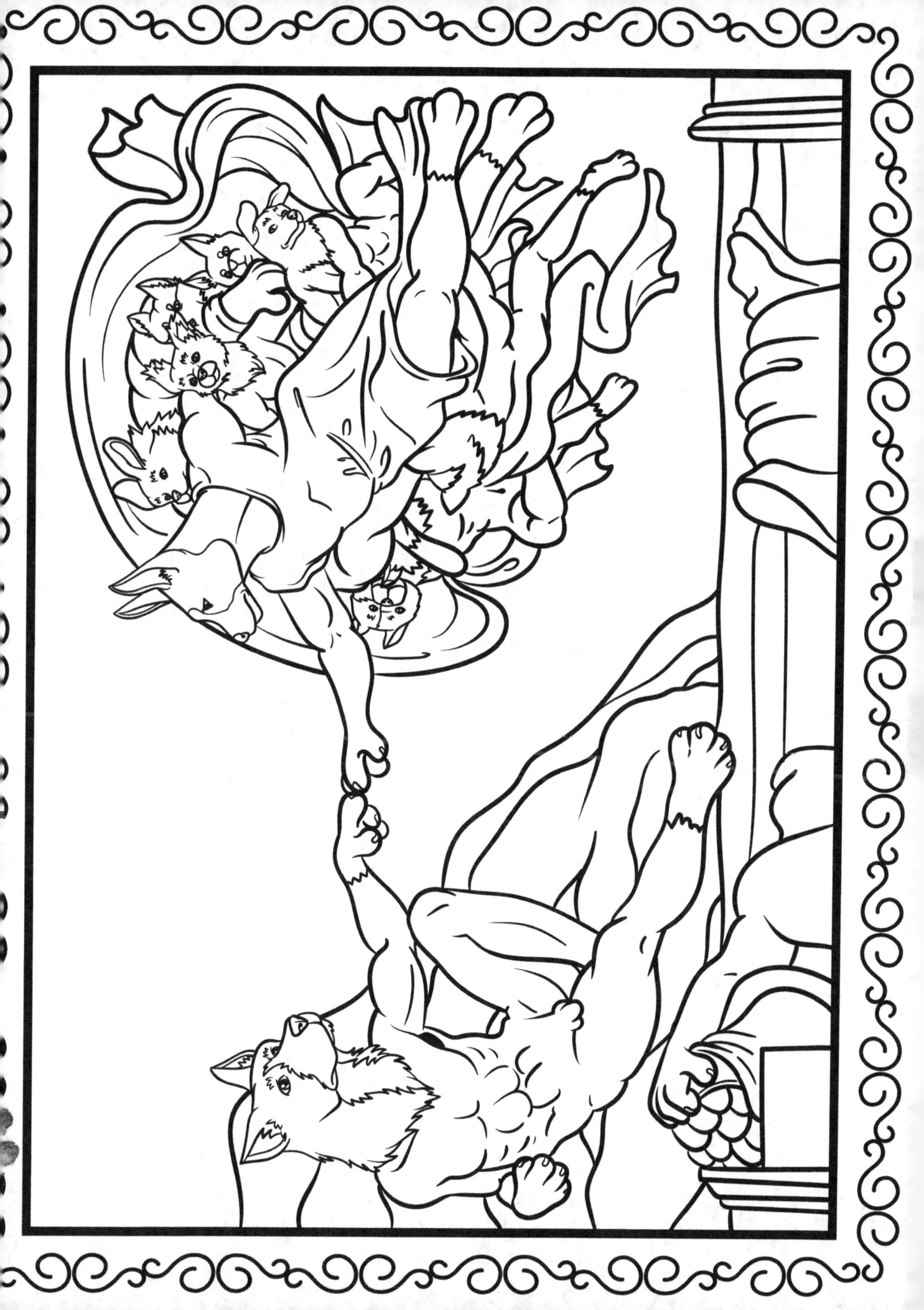

BILD 35

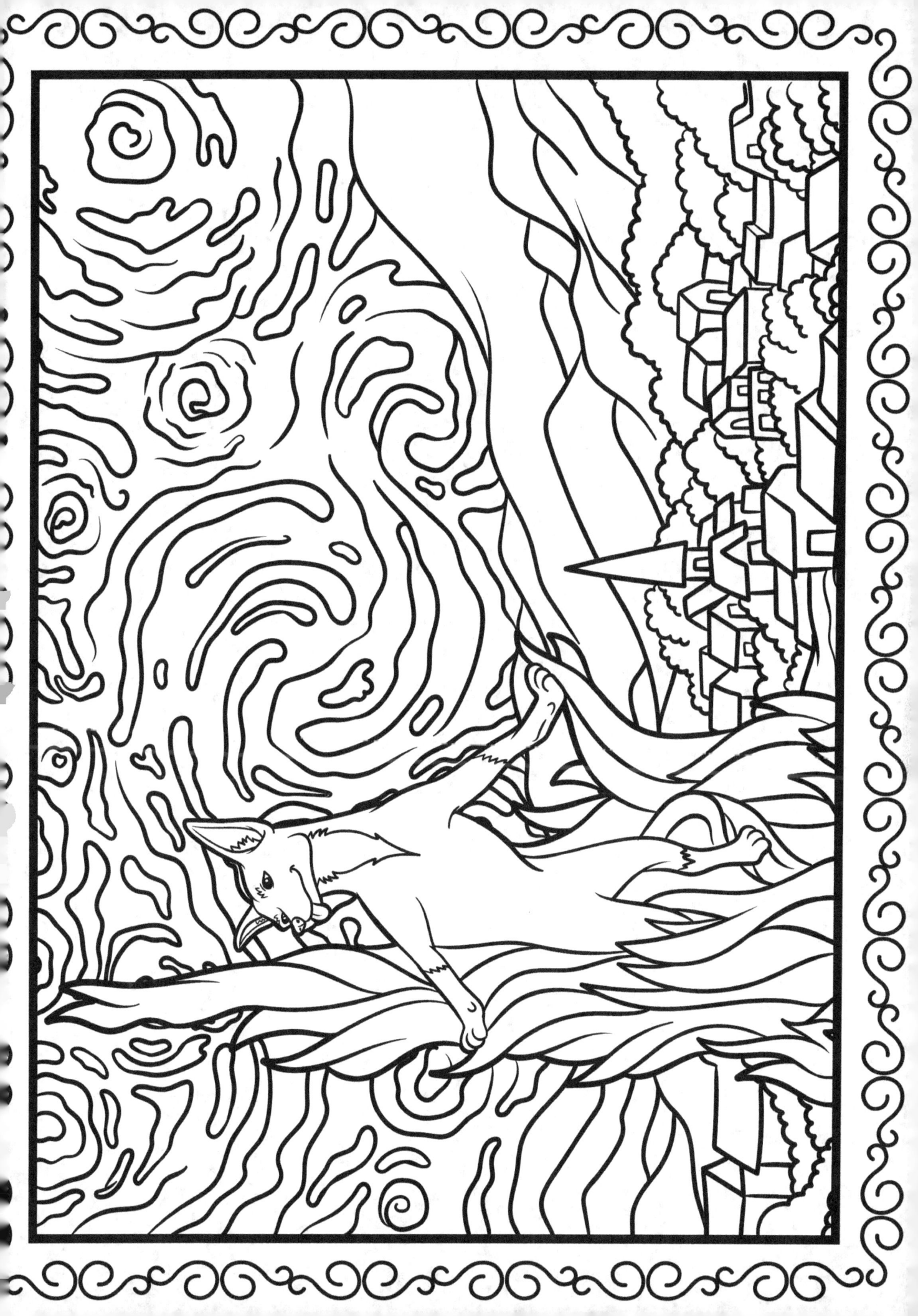

BILD 36

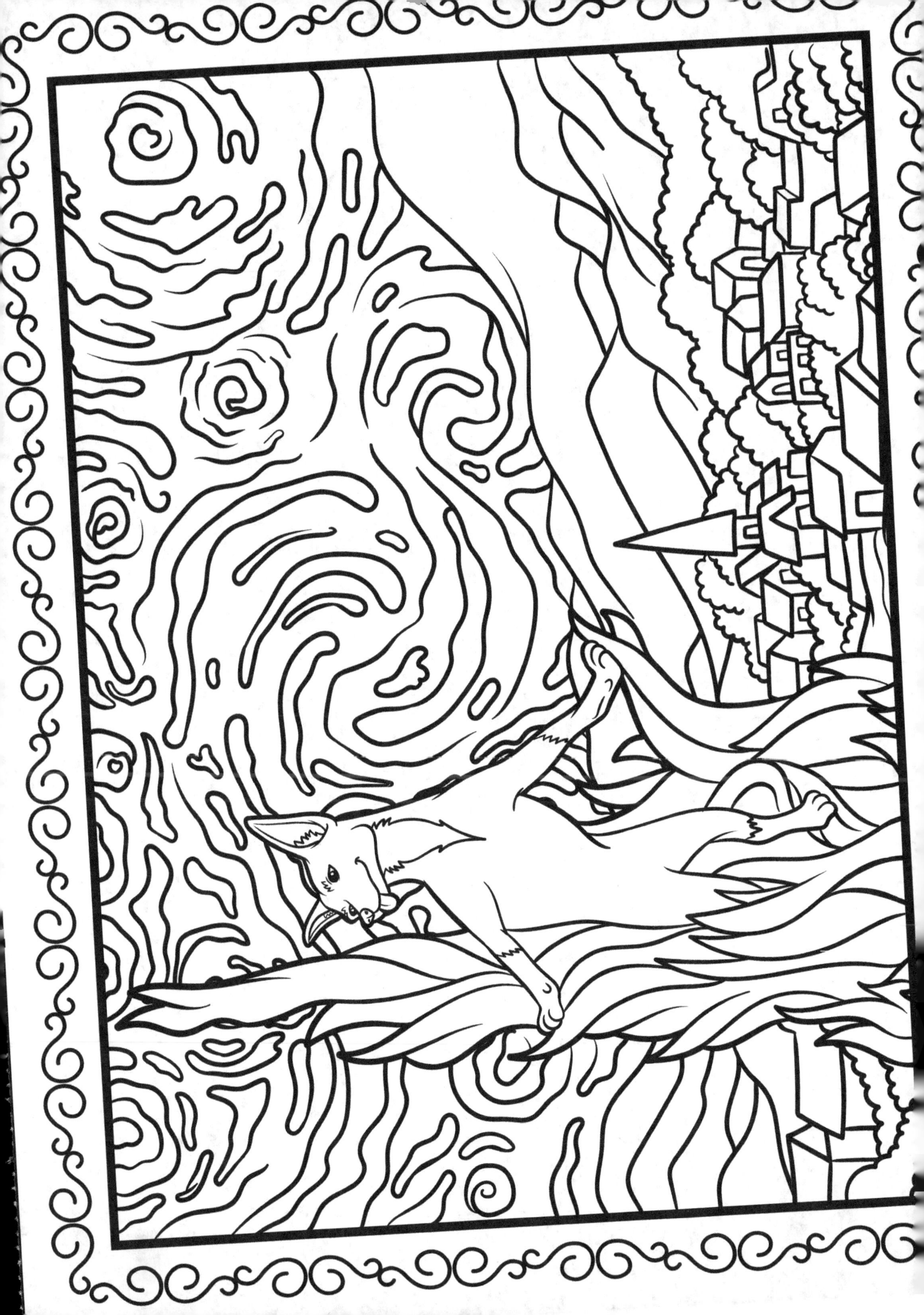

BILD 37

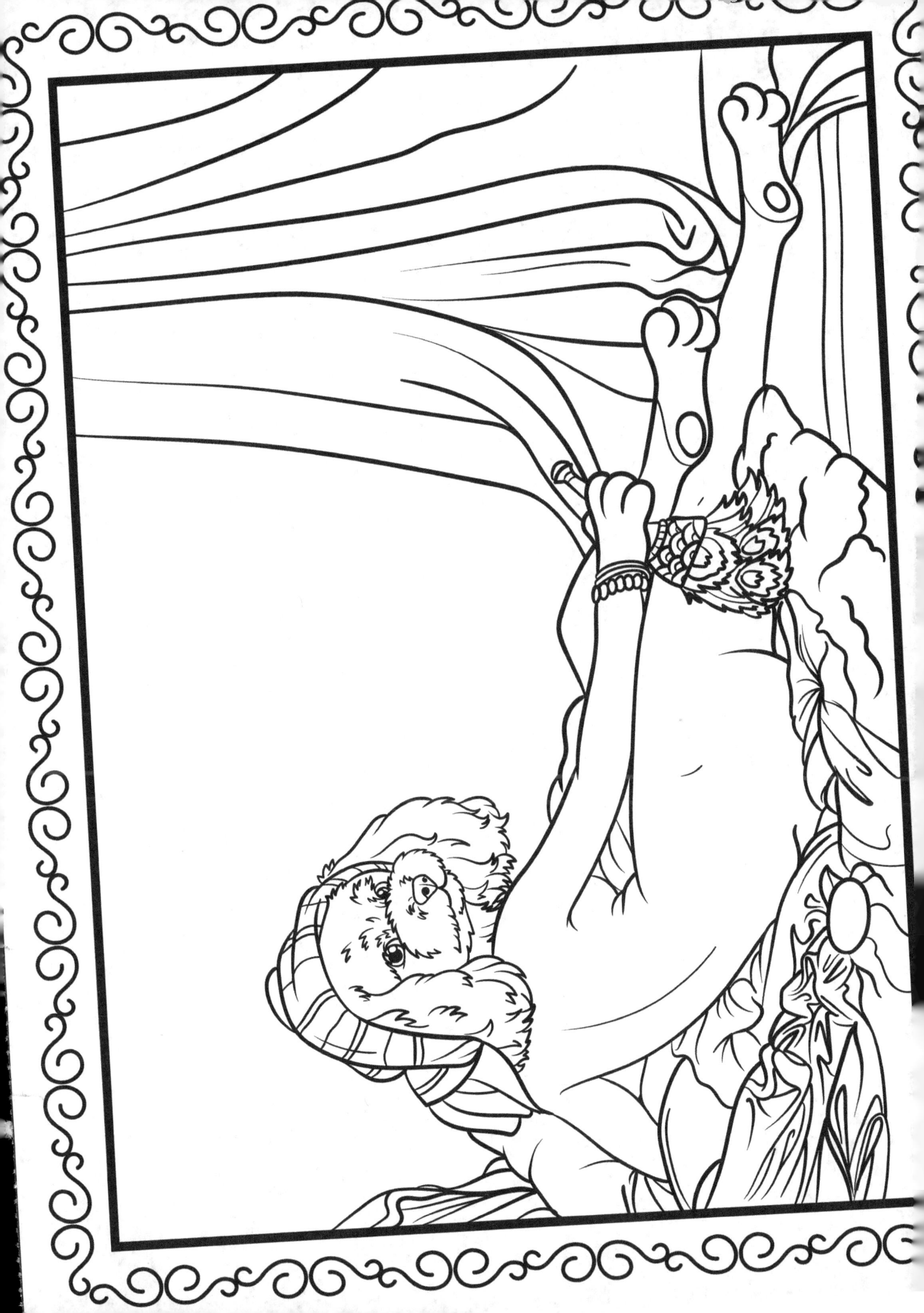

BILD 38

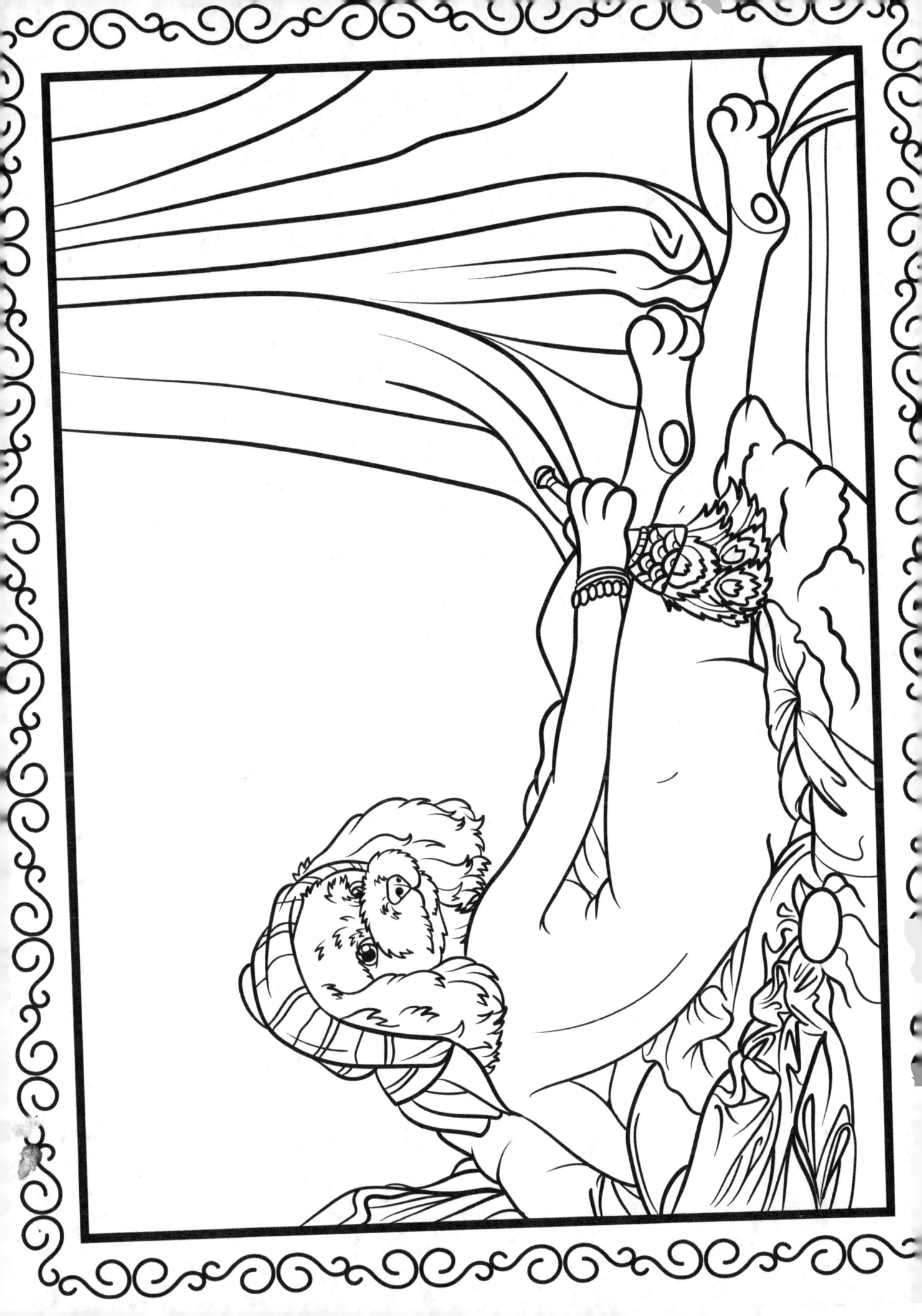

BILD 39

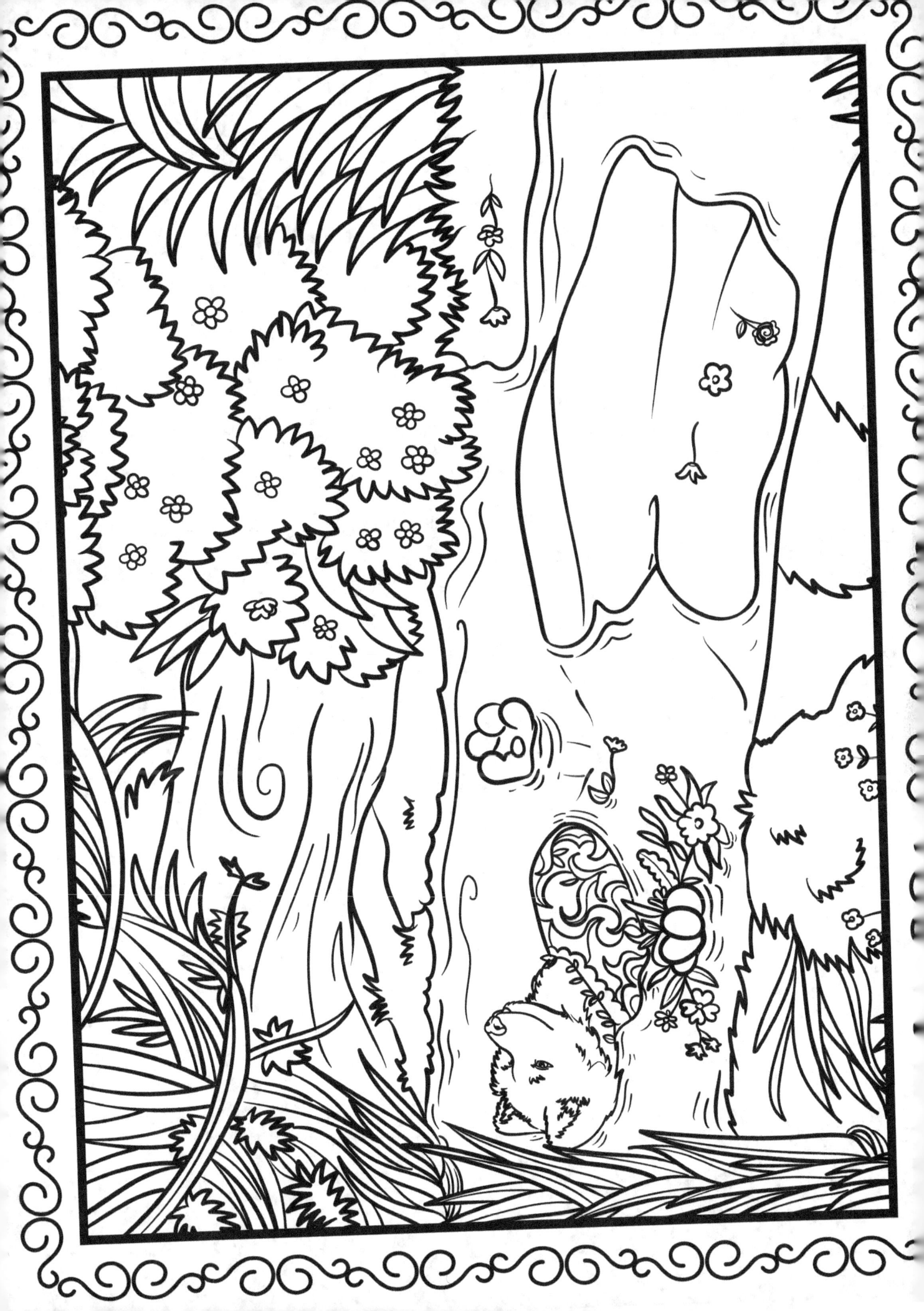

BILD 40

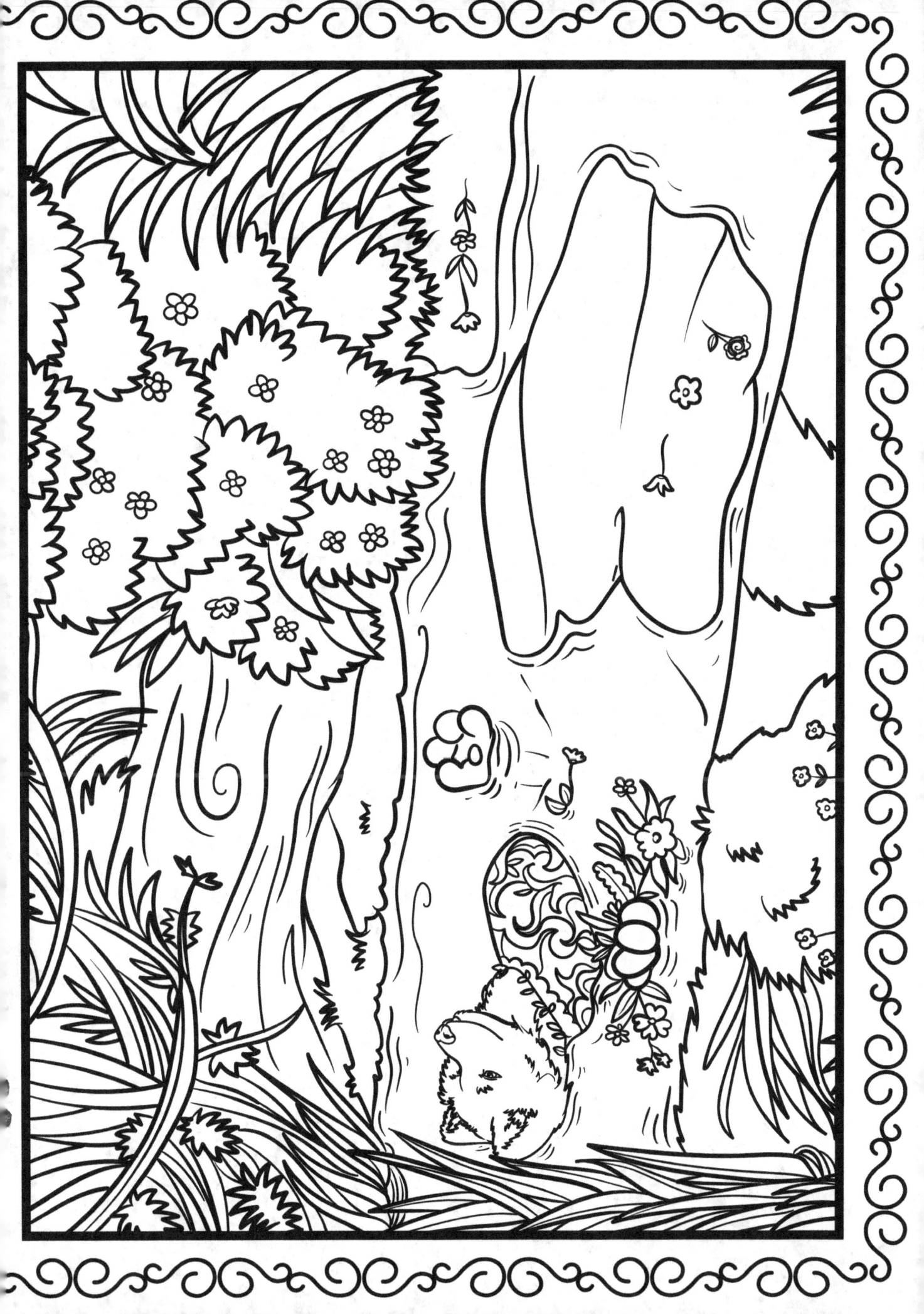

BILD 41

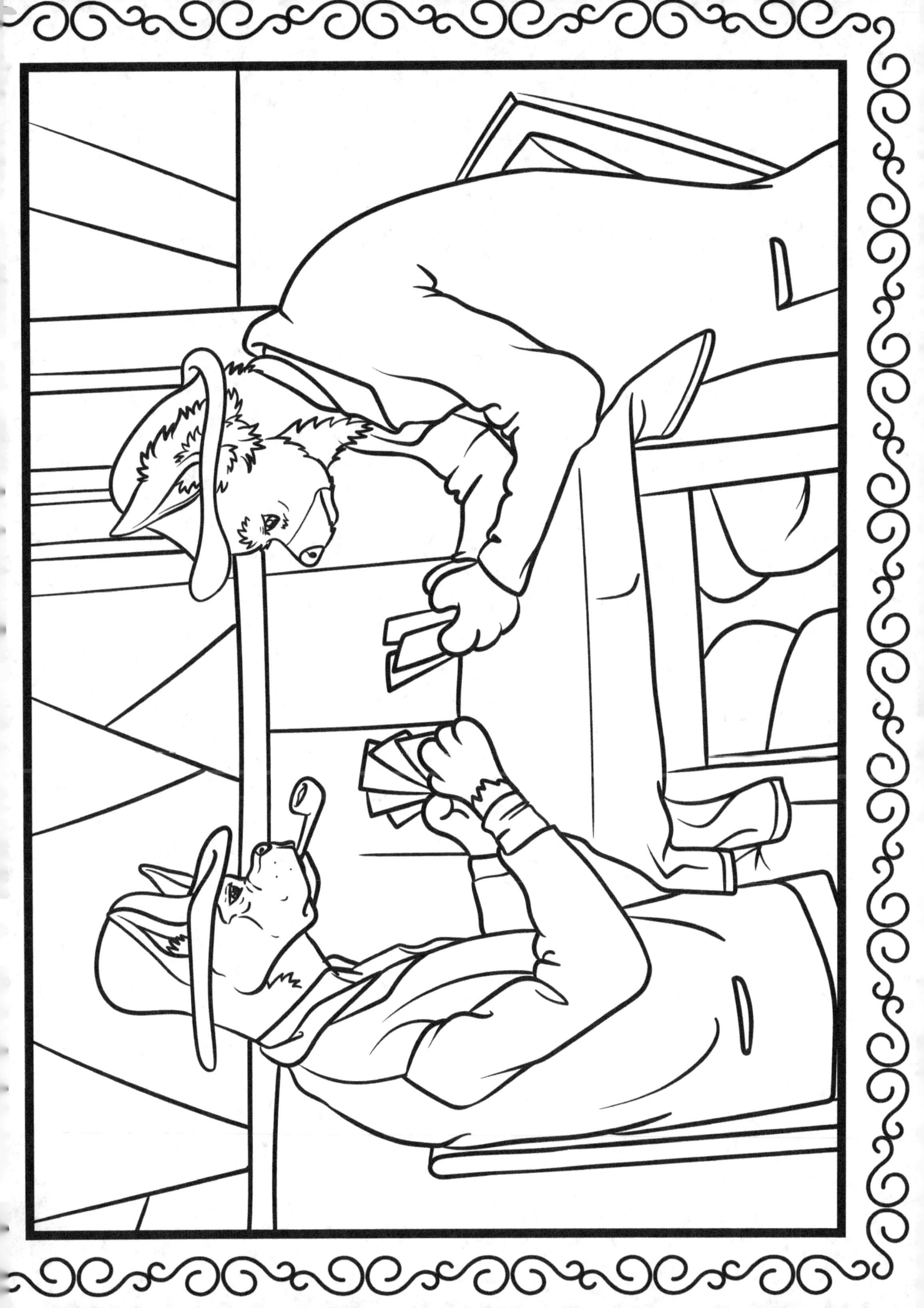

BILD 42

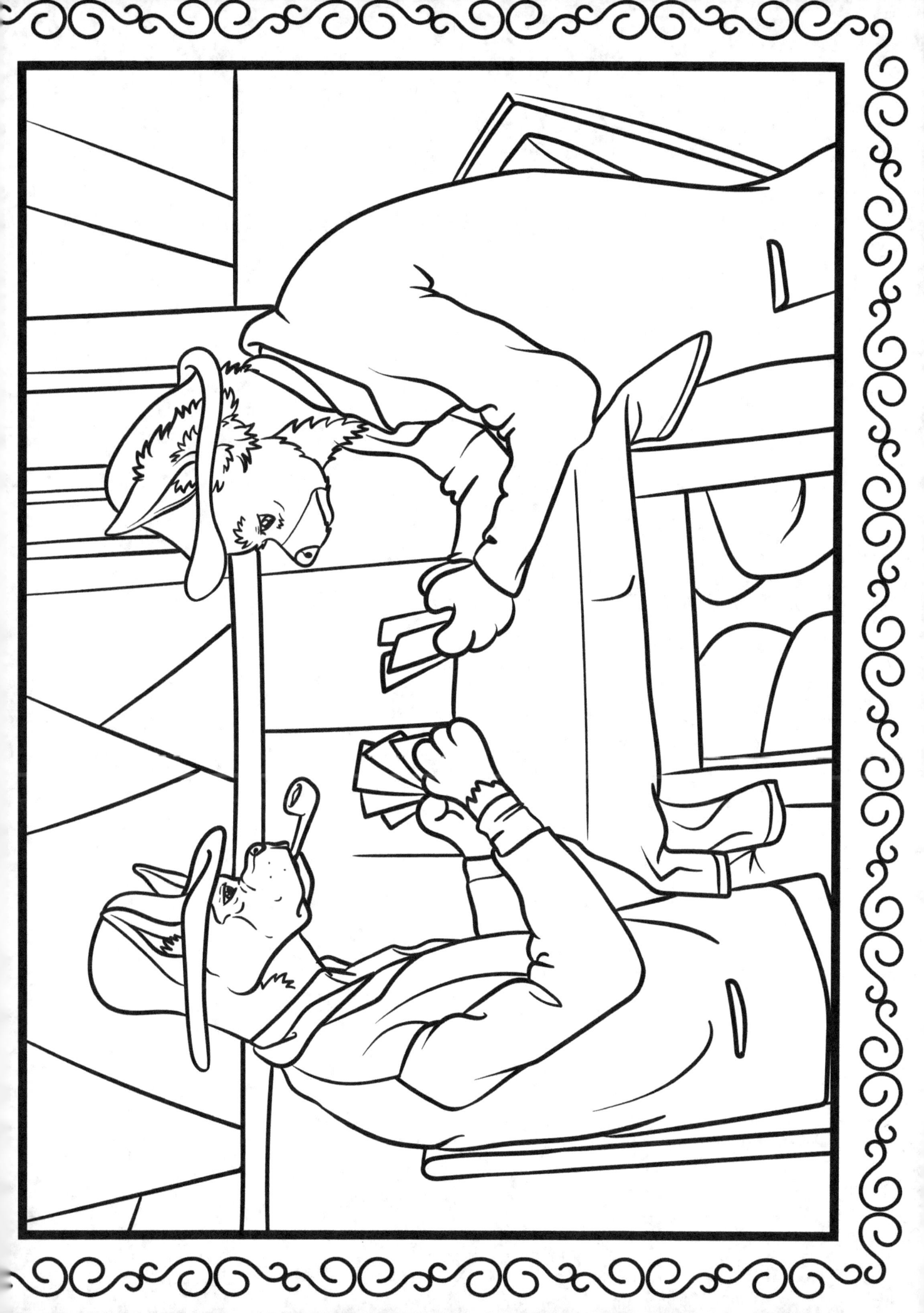

BILD 43

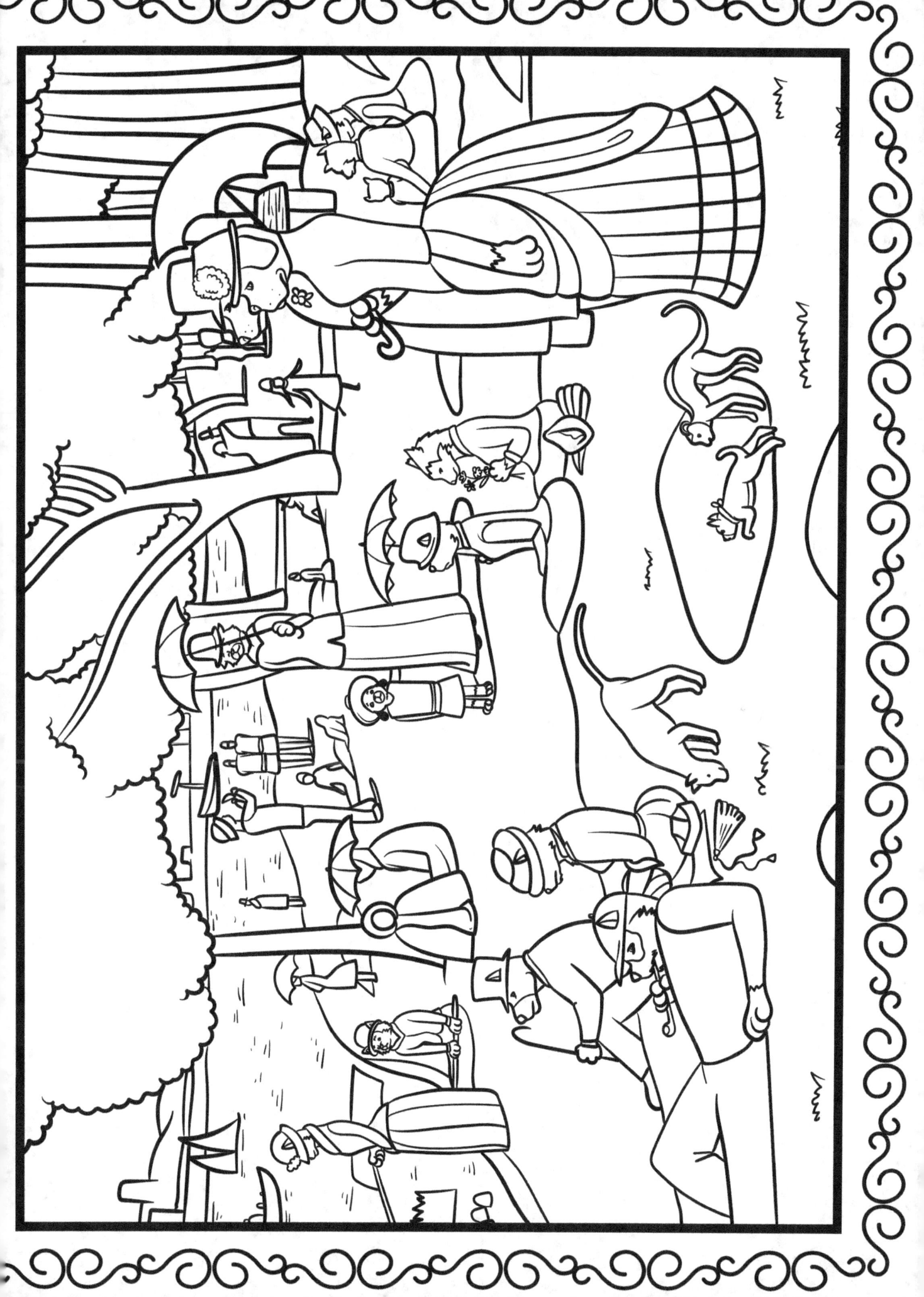

BILD 44

BILD 44

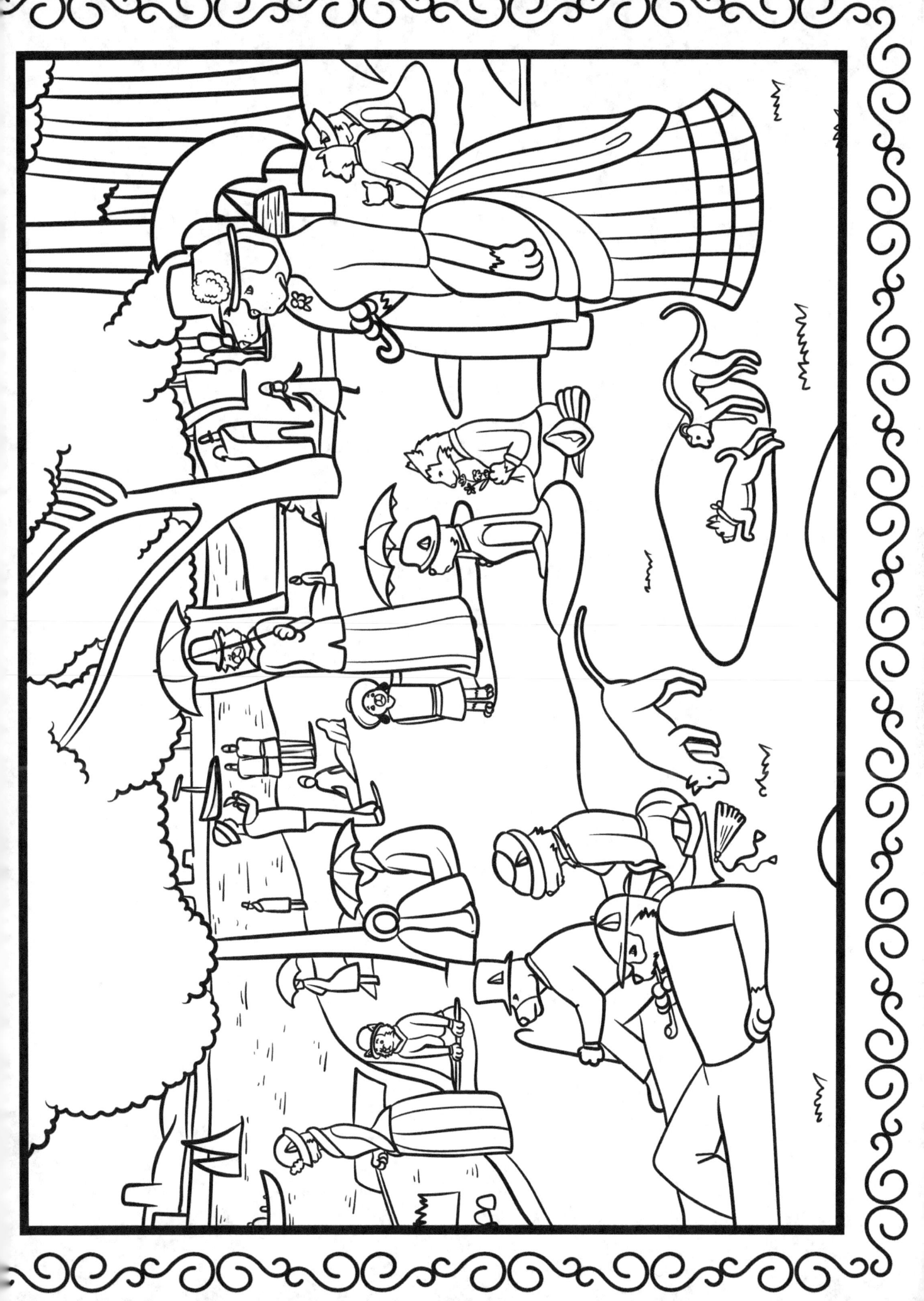

BILD 45

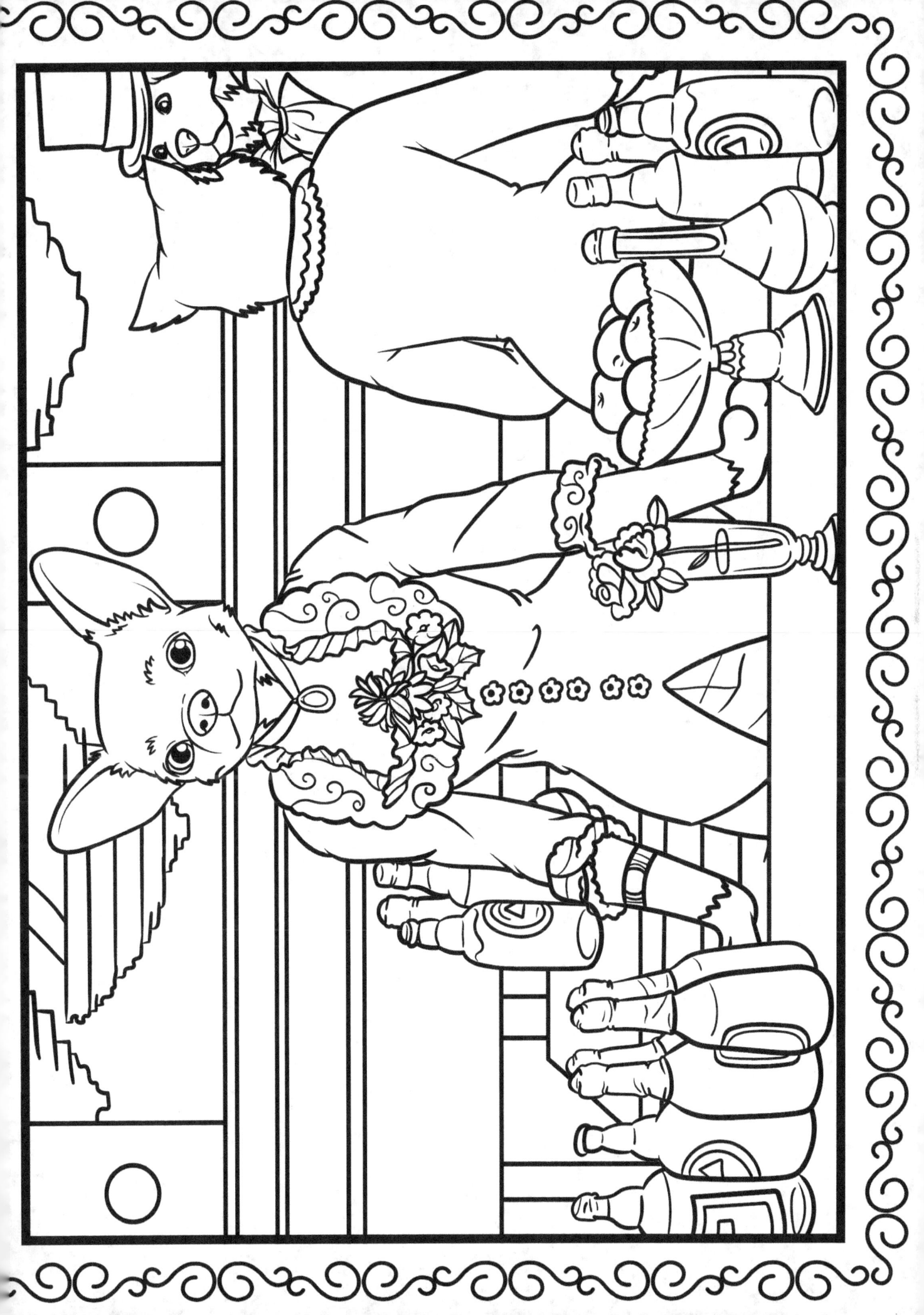

BILD 46

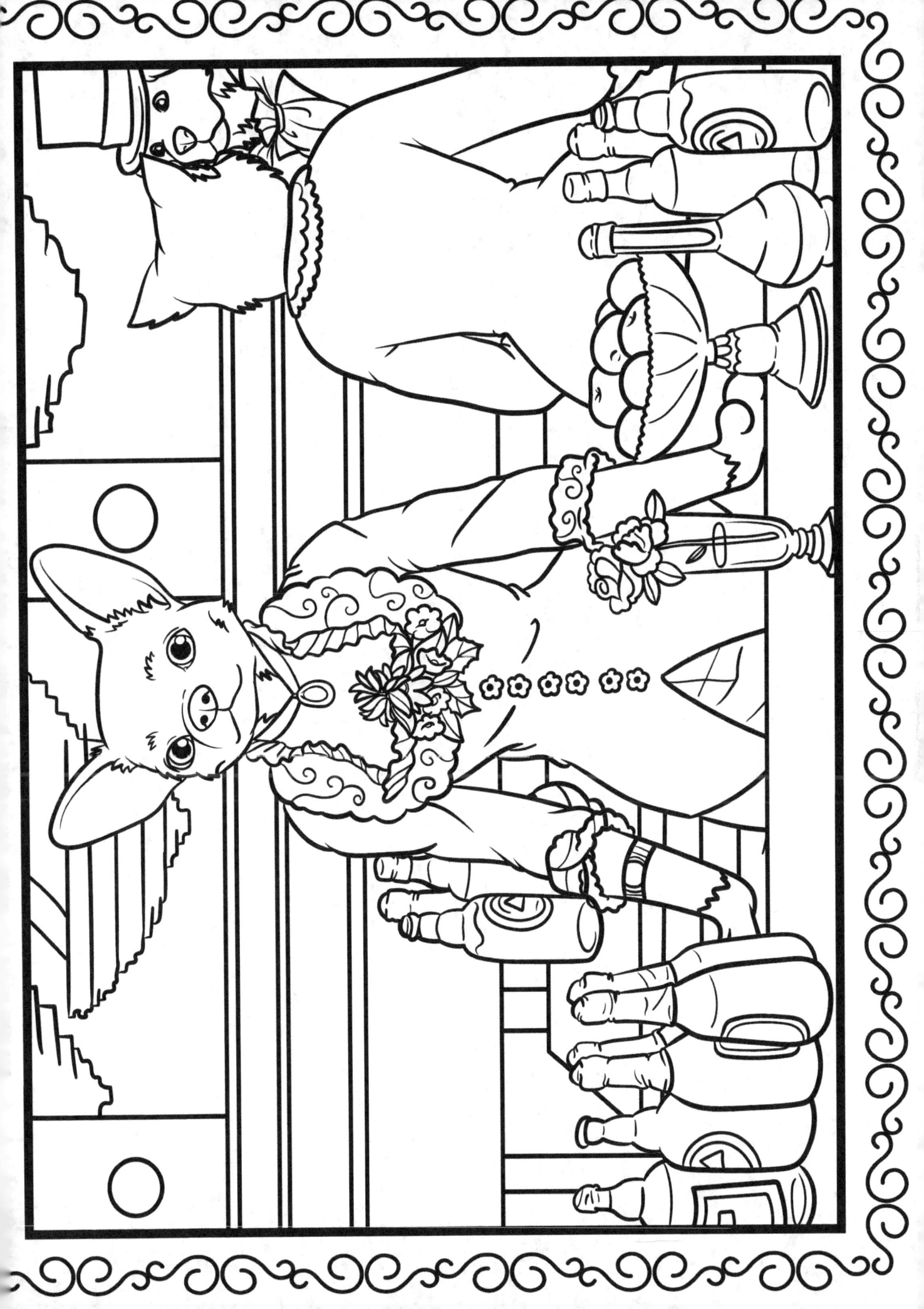

BILD 47

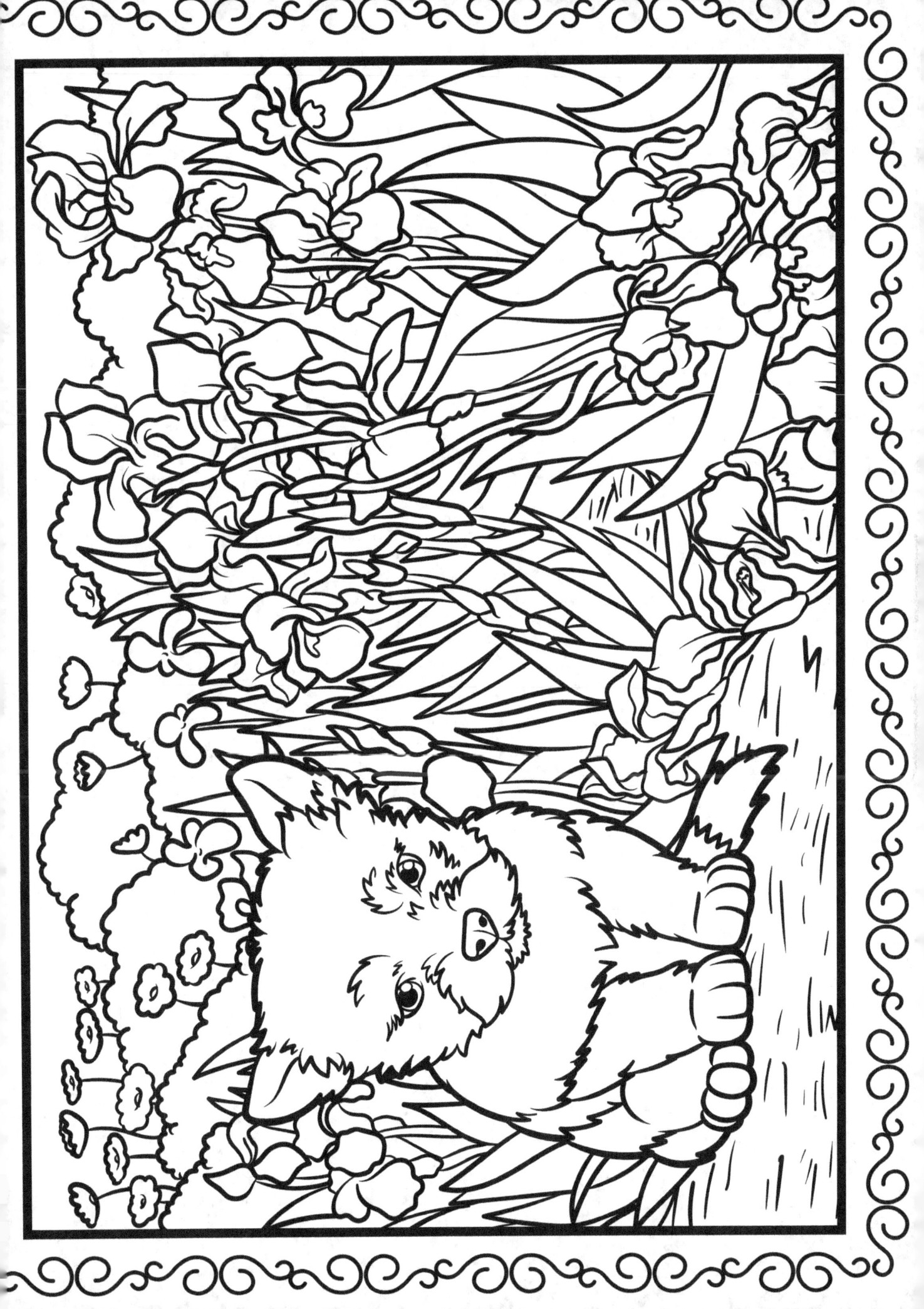

BILD 48

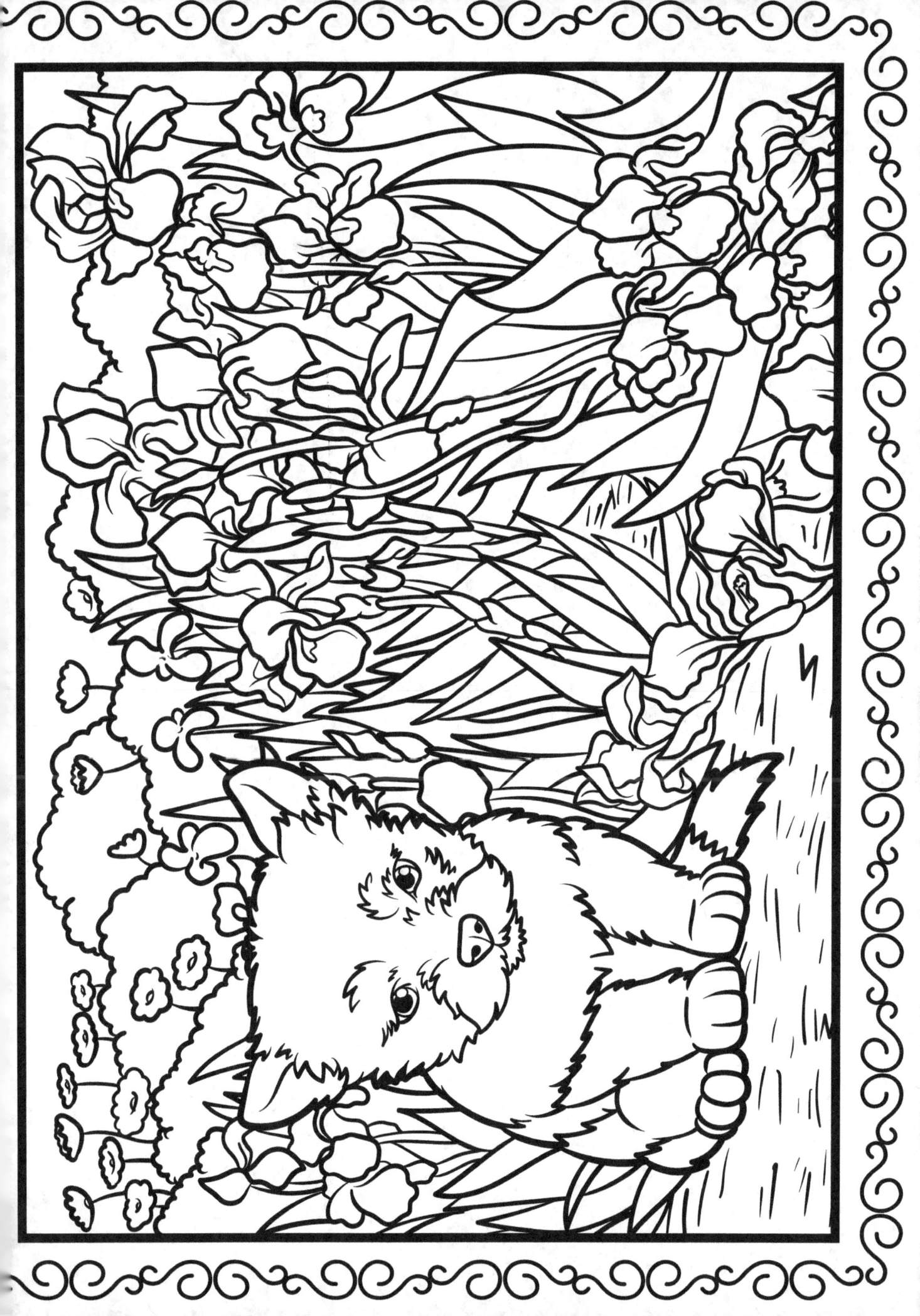

BILD 49

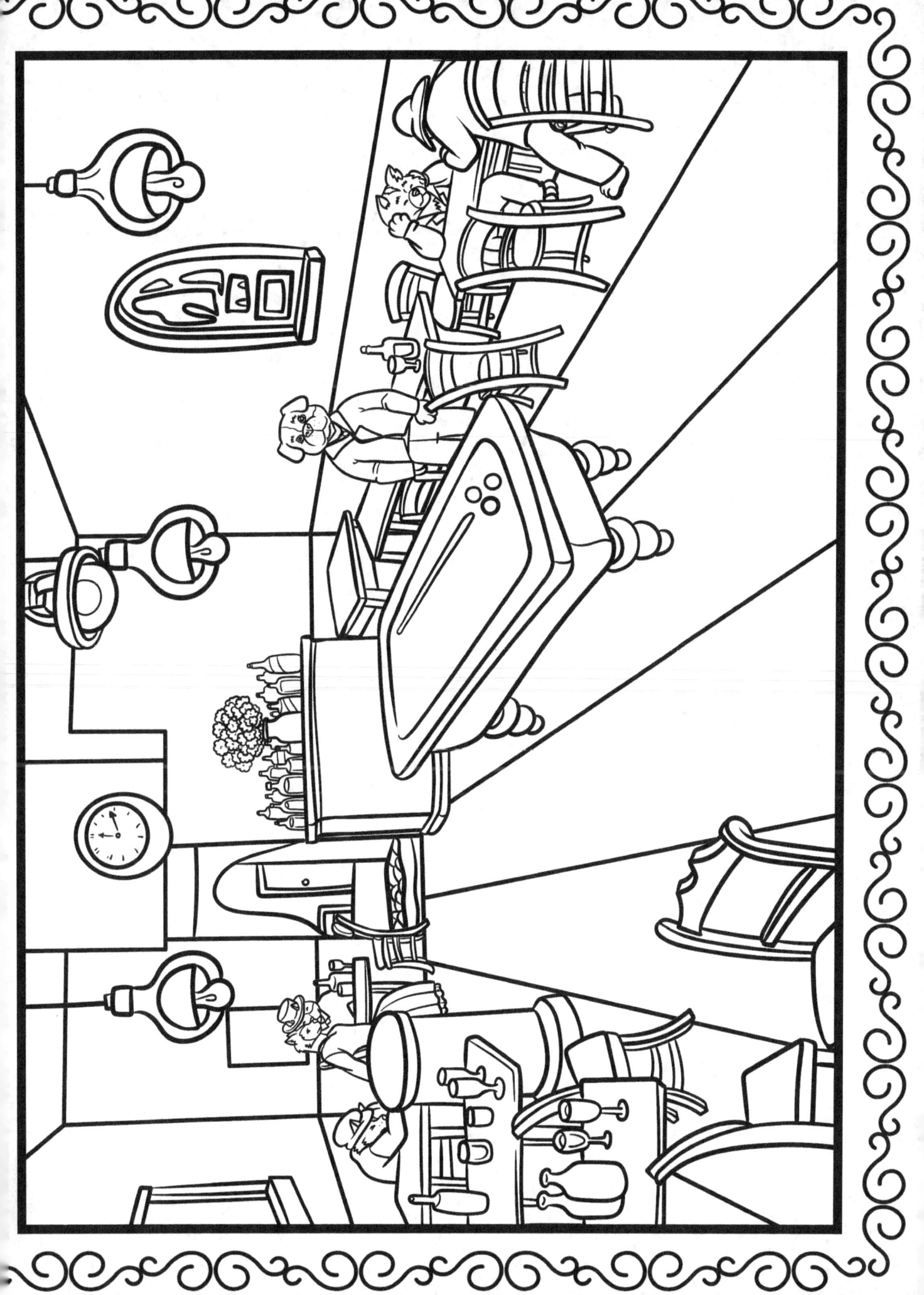

BILD 50

BILD 50

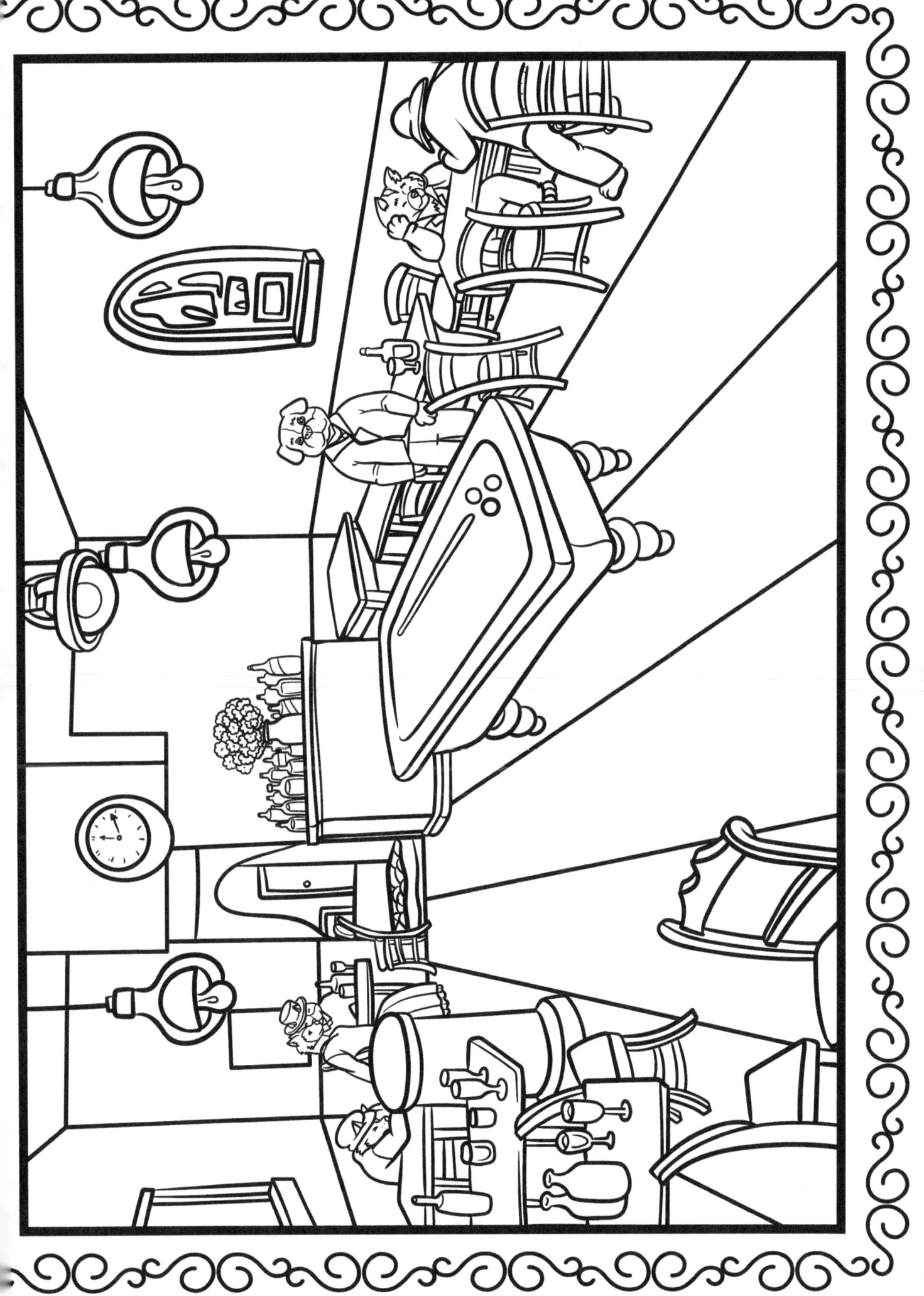